Lasse Los

ICH BIN DAnk

Gedichte - Texte - Wortbilder

Lasse Los, Jahrgang 1947, Diplompädagoge und Psychologe, Liedermacher und Dichtender, kurzum: Passionierter und mittlerweile pensionierter Mitmensch, beruflich in verschiedenen sozialpädagogischen und psychologisch beratenden Feldern, auch spirituell begleitend, kreativ tätig gewesen, seit über dreißig Jahren seine Lebensweisheiten (ver)dichtend aktiv.

Lasse Los

ICH BIN DAnk

Gedichte –

Texte – Wortbilder

Bibliografische Information der Deutschen Nationalbibliothek:
Die Deutsche Nationalbibliothek verzeichnet diese Publikation in der
Deutschen Nationalbibliografie; detaillierte bibliografische Daten
sind im Internet über http://dnb.dnb.de abrufbar.

Umschlaggestaltung: Lasse Los
Edition LOS Band 22
lasselos@email.de

Herstellung und Verlag:
BoD - Books on Demand,
Norderstedt

ISBN: 978-3-7562-0225-6

Geleit

Der Dank

Das

Geheimnis ist beim Dank:

Er füllt stets den Seelentank!

Nicht nur dem, der ihn bekommt,

sondern auch dem, der ihn prompt

ohne Absicht einfach schenkt,

ohne mit Um... Zu verplombt,

was zur Gegengabe drängt,

ohne Wenn und Aber blank

als geheimnisvoller Dank.

Lasse Los

Inhalt

Statt eines Vorwortes

Mit Dank im Tank

Bist
Du präsent,
wird Leben Dir - als ein Event -
im Nu Präsent.
Es
blüht
die Glut:
Du bist Präsent!
Und Du fährst gut
mit Dank im Tank!

Lasse Los

Facettenreiche Begebenheiten in alphabetischer Reihenfolge zum meditativen Innehalten

Abdankung

Wenn ich durch
mein Wäldchen wandle,

Abstand nehme vom Verhangenen,
Abschied gebe dem Vergangenen,
mein Gelebe neu verhandle,
fallen jene Worte zu,
die mir mein
Gelebe schützen.

Und es fallen auch Worte zu,
die mich gären lassen, schwitzen,
bis die tägliche Erkrankung
am Normalen bei mir heilt.

Und ich atme, was
verweilt in
erneuter
Abdankung
von dem Thron der
Nichtigkeit egomaner Wichtigkeit.

Abschieds-Rap

Ich

danke Dir, dass

Du mir mit Deinem Brief

die Augen öffnest und mir die

Einsicht offenbarst, mich zukünftig

nicht leichtgläubig in Freundschaften

mehr einzulassen mit leichtgewichtig

resignativ depressiven Jammer-

lappen, gefangen in Kritik

und Zweifel,

die jäh ins

Destruktive schwappen,

um einer lebensvollen Chance,

die doch in jeder Krise steckt,

nur Sterbehilfe noch

zu leisten.

Fichten-Gleichnis oder: **Befreiter leben!**

Ich saß im Wald auf einer Bank,
genoss die würzige Natur.
Und es erfüllte mich ein Dank,
es streichelte mich LEBEN - PUR.

Da sah ich rechts den Fichtenwald,
gepflanzt als Mono-Holz-Kultur.
Ein Schauder überfiel mich kalt,
ein Gleichnisschrecken mich durchfuhr.

Der hochmodern(d)e Lebensstil
stand gleichnishaft vor meinen Augen:
Uns für Profite auszulaugen
als tödliches Gesellschaftsspiel!

Die Fichten überlebten nur
durch Wettkampf um die Höhenluft.
Die Kronen ragten aus der Gruft
der abgestorb`nen Astkultur.

Der-Höher-Größer-Schneller-Wahn
verführt uns in den falschen Traum,
verwuchert uns den Lebensraum:
Wir enden auf der Todesbahn!

Die Fichten haben nur die Qual,
verkümmert möglichst hoch zu streben.
Doch uns bleibt immer noch die Wahl:
Wir soll(t)en, könn(t)en, dürf(t)en auch,
wenn wir es woll`n:
Befreiter leben!

(Entfaltet in dem Music-Textival: "Befreiter Leben"
in: Lasse Los: Seid Ihr noch zu retten - BoD 2016
und als Hörprobe auf meinem Youtube-Kanal
WISDOM FOR FUTURE)

Beziehungskranker Vorwurfsdank

Ich habe zum Geburtstag stets
ein Buch Dir zugesandt.
Und wenn ich dann,
ganz nebenbei,
nach vielen
Wochen an-
fragte, ob
es denn an-
gekommen sei,
entschlüpfte Dir
ein Vorwurfsdank:
Ja, selbstverständlich
hättest Du mein Buch-
geschenk schon längst
erhalten! Wie könnte ich
das bloß bezwei-
feln!

Es
hätte Dir
auch gut getan,
soweit Du es bisher
gelesen. Und übrigens:
Wenn Du schon fragst!
Natürlich einen
Dank dafür!

Binde-Segen-uns-entgegen

Auf meinen Finde-Wegen

gewahre ich den Binde-Segen

des Immer-Gegen-Wärtigen.

Ich hebe ihn ins schlichte Wort,

dort ist für mich der lichte Ort

seiner Ver-Gegen-Wärtigung.

Ich lass` mich von ihm heiter tragen,

im Wort will ich ihn weitersagen

in dankender Bewahrung.

Und wolltet Ihr befreit Euch finden,

dann solltet Ihr an ihn Euch binden,

in lichtender Aufklarung.

DA - im - NU

Ich saß mit meiner Frau beisammen.
Wir tranken Nachmittagskaffee.
Mein winterliches Grippe-Weh
wollt` mich ins Kranken-
bett verdammen.

Geschwächt ließ
ich sie einfach stehen,
die all-täg-li-che Lebenswelt.
Und es geschah ein lichtes Wehen,
zerblies, was sonst den Atem fällt.

Es lichtete mich ein Erstaunen, in
dem ich - wachgeküsst - mich sonnte,
gebettet wie in weiche Daunen, so-
dass mich Angst nicht packen konnte.

Es zerrte Zeit nicht mehr an mir!
Ich atmete die Offene Weite, in
dem geschenkten Jetzt-und-Hier,
das insgeheim mich einweihte
in das, was in ihm mich befreite
aus aller Trance alltäglich ver-
gitternder Zersplitterung.

Das große Los

Ich hab` das große Los gezogen,
als ich mich früh für Dich entschieden.
Es kam ur~plötz~lich angeflogen!
Ich wurde mit Dir neu gewogen.
Ein Ungeahntes ließ mich sieden.

Vom Blitz der Selbst - Entgitterung
wurd ` ich im Innersten getroffen,
als ich bei schlechter Witterung
in herbstlicher Verbitterung
Dein WESEN schaute:
licht und offen.

Wir
fanden
zueinander
bald, erkundeten
das neue Land und
schenkten uns den Liebes-
halt in der uns möglichen Gestalt.
Er hielt bis heute für uns stand.

(Für Ilona)

Die
Todesangst,
sie blieb mir fern

Zwei Lungenembolien drohten
als ängs-ti-gen-de To-des-bo-ten
mein Leben plötzlich umzuwenden
und es im Tode zu beenden.

Im Anblick jener Ur-Ge-fahr
wurd` mir die Klarsicht jäh gewahr:
„Ich leb` auf einem anderen Stern!
Die Todesangst, sie bleibt mir fern!"

Und mich durchströmte Urvertrauen
und schützte mich vor`m Todesgrauen
und ließ mir meine Zukunft offen
und mich gelassen weiter hoffen.

Ich hab` die Lungenembolien
mit ihren To-des-e-ner-gi-en
noch einmal dankbar überlebt,
ins Leben mich neu eingewebt
mit tragiktragendem Vertrauen.

Ein besonderer Tag

Es war schon ein besonderer Tag
in meinem antastbaren Leben. Am
Morgen traf mich herber Schlag,
ein Stich, ein Seelenbeben.

Die ungeraechte Anklage.
ich würd` zu wenig arbeiten,
zerstörte mir die Seelenlage,
trieb mich in aufgewühlte Weiten.

Am Abend kam der andere Pol:
Aus meiner Klientel ein Dank
für meinen Einsatz! Ach, wie wohl
war mir dabei nach dem Gestank

des Morgens. Unbezahlbar
sei das, was ich für sie getan
zur Förderung ihrer Lebensbahn.
Der Widerspruch war offenbar.

Die Gegensatzvereinigung
erlebte ich besonders stark.
Sie löschte alle Peinigung:
Es war schon ein besonderer Tag!

Eintrittswarnung

Ich trete
ein ins Offene und
weiche wahrend Dir entgegen
und offenbare mich.

Du bist entzückt
und dankbar trittst Du
mich ein in Deine Stapfen!

Für Dein
Präsent(-)sein dank` ich Dir

Freilassen und Abschied nehmen
sind jetzt meine Lebensthemen.
Auch mit Dir konnte ich üben,
von Anfang an in kleinen Schüben.

Dein trau-rig-hei~te~res Gesicht,
Dein fröhlich zugewandtes Wesen,
sie waren mir ein sanftes Licht,
aus Däm-me-run-gen zu genesen.

Nach Deinem Weggang fehlst Du mir.
Für Dein Präsent(-)sein dank` ich Dir:
Du stehst für mich im Segen!

Auch wenn Probleme Dich zerreißen,
ich weiß, Du wirst sie nieder beißen
und Dich zur Lichtung hinbewegen.

(Für Roswitha, die nach dreieinhalb
Wochen Kur plötzlich abreiste,
um ihre ehelichen Probleme
in Angriff zu nehmen.)

Gesundheit!
oder:
Jetzt gerade rund!

Bist Du präsent, ist der Moment,
den Du, ins Jetzt erwacht, durchlebst,
Dir ein Präsent. Die Wünsche sind
erloschen. Die Sehnsucht nach dem
Immer-Mehr und nach dem Noch-
Ganz-Anderen ist Dir verstummt.

Und
DU bist DA
und DU bist DAnk!

Obwohl doch stets gestundet,
ist Leben Dir jetzt gerade rund.

Gesundheit!

*(Beim Schreiben des Textes,
beim „Erbrüten" von ihm
erlebte ich am Ende das,
was ich beschrieb!)*

Gratulation

Zurück gekehrt von Deiner Reise,
erfährst Du mich in neuer Weise.
Du kannst uns beiden gratulieren:

Ich werde Dir auch weiterhin
zu Deines Geistes Lustgewinn
so manchen neuen Text servieren.

Denn vor dem allerletzten AUS
durchkämpfte ich im Krankenhaus
die zwei-te Lun-gen-em-bo-lie.

Sie zwang mich heftig in die Knie.
Doch habe ich sie ü-ber-wun-den
und mich dabei neu vorgefunden
in einer tiefen Dankbarkeit
für die gewährte Restlaufzeit.

Ich werd` mich daran jetzt erfreuen und
mich grad` deshalb auch nicht scheuen,
den Ein-Bruch tiefer zu bedenken,
ihn gründlicher noch zu verstehen,
mein Leben achtsamer zu lenken,
bis zum endgültigen Verwehen.

(Für Anny)

Grollenteisung

Im Groll auf seine Ehefrau,
durch Abweisung hervorgerufen –
kurz vor des Grolles Gala-Show
als heiße Kür auf Zorneskufen –
traf er die flüchtige Bekannte,
die sich in Trauer tief verzehrte,
weil ihres Mannes Tod sich jährte
– für ihn wie eine Abgesandte
des Lebens, das den Tod geschmeckt.

Ihr Trauerklang hat ihn geweckt
aus dem, was sich in ihm verbogen.
Sein Groll war schnell wie weggeflogen!
Und zum Präsent der Grollenteisung
hat sie ihn noch mit Dank beschert,
weil er ihr offen zugehört
bei all der klagenden Entgleisung
von dem, was sie so arg beschwoert.

Helfendes Phantom

Du lebst als helfendes Phantom,
spürst jene auf, die Hilfe brauchen.
Dein ausgeprägtes Machtsyndrom
treibt Dich, strategisch einzu-
tauchen:

In eine Welt,
in der Du Herr der
Hilfe gegen Nöte bist.
Ach, merkst Du nicht,
wie Dich das Zerrbild
Deiner Macht-
ge-lüs-te
frisst?

Warum beklagst Du Dich so oft,
dass Deine Opfer zu sehr sparen
mit Dankbarkeit. Hast Du gehofft,
Dein machtlüsternes Hilfsgebaren
ließ sie in Dankbarkeit zer~flies~sen,
um Dir ein Denkmal zu er–schlies–sen?

Ihr
Trost im
selbstverstellen Leben

Sie ist häufig guten Mutes
und tut anderen viel Gutes.
Widersetzen die sich ihr
wider ihr bemühtes
Wir,

zieht sie sich enttäuscht zurück,
sucht nur noch ihr stilles Glück
bei den Blumen, die sie hegt
und mit sanfter Liebe
pflegt.

Denn die Blumen blühen still,
widersprechen ihr nicht schrill,
danken ihr mit Blütenpracht
und erhellen ihr ganz sacht
manche finstere Nacht
im selbstverstell-
ten Leben.

Im
Gewahrsam
der
Jugend

Im
Gewahrsam
meiner Jugend
ein Gewahrsein.

Jetztseits offen
im Getroffen.

Hingehorcht
und   ge-
horcht.

Und
es
gut
ange-
troffen

mit jener,
die bei mir
eingetrof-
fen.

*(Für Ilona als
Dank ans Schicksal)*

Im Staunen bin ich frei gesetzt

Und plötzlich schneit es und ich staune,
wie zart und sanft die Flocken fallen.
Und schon hör` ich in mir Geraune,
ein an-kom-men-des Widerhallen
von kindlichen Erinnerungen
an winterliche Freudenzeiten.
Die Sehnsucht ist mit
angeklungen.
Sie
will ins
Kindsein mich verleiten.

Und plötzlich sehe ich den Schnee
im Lichte dessen, der den Geh-
Weg fegen muss und ihn bestreuen,
damit auch niemand nach dem Schneien
im Gehen ausrutscht, sich verletzt.
Schon wird das Schnei`n neu eingeschätzt
als winterliche Last, die bindet
und mich mit Zusatz-Arbeit schindet.

Und plötzlich wird es mir bewusst:
Nach Winterfreuden, Winterfrust
seh` ich es einfach nur noch
schneien
und
staune.
Die Erinnerung
und auch meine Verantwortung
könn`n mir das Staunen nicht entweihen.
Es öffnet sich - Mir - Hier - und - Jetzt.

Im Staunen bin ich frei gesetzt!

Und plötzlich ist mir offenbar:
Von der Erinnerung gebannt
und nur der Zukunft zugewandt
vernebeln wir - so wird mir klar -
was immer ist - im Augenblick,
der sich uns überraschend schenkt:
Im Staunen ungeahntes Glück,
das uns im Jetzseits neu umfängt
als das Präsent, präsent zu leben.

Jetztseits angekommen!

In mir schweigt es wunderbar!
Kein Gefühlssturm treibt mich um!
Und ich fühl` mich rund und klar,
meine Sehnsucht, sie bleibt stumm!

Ich durchschreit` ein Stunden-Paar,
in dem ich Durchlösung spüre.
Und es ist mir offenbar,
dass ich jetztseits mich nicht führe!

Ich vertrau` dem Ungenannten,
in dem ich mich wiederfinde,
dem ich herzwärts mich verbinde.

In dem Kreis der All-Verwandten
bin ich endlich aufgenommen:
Ich bin jetztseits angekommen!

Jugend
soll doch dankbar sein!?

Für die Lage der Finanzen
nimmt man sich die meiste Zeit.
Stimmen müssen die Bilanzen,
Sonst gibt es den größten Streit.

Doch wofür die Gelder nützen:
Jugendarbeit hier im Haus! Da-
vor sucht man sich zu schützen.
Interessiert hält man sich raus!

Wenn jedoch Konflikte droh`n,
mischt man sich empört mit ein
und vergreift sich schnell im Ton:

Jugend soll doch dankbar sein,
dass für sie, die eigene Brut,
finanziell man soviel tut
mit der stattlichen Flut
öffentlich gewährter
Gelder!

(Nach
Erfahrungen
in kirchlicher Jugendarbeit.)

Lebens-Lust

Da, urplötzlich rührt ihn helle Lust zu leben,
senkt sich in ihn, schenkt ihm dankende Gedanken,
weiht zum Dankwart ihn.
Sanfter Jubel schwingt sich ein,
er dankt sich hin zu schützender Helle,
zu hüllender Fülle.
Besteht er nun den wütenden Aufprall
greller Höllenlust am Leben,
an purer Macht?
Ohnmächtig ist er nicht
als Dankwart im Warte-Stand,
doch es umschleicht, umschmeichelt
ihn die Höllenlust in anderer Gestalt,
wandelbar: als Höhenlust am reinen Denken,
als Höhlenlust am Urgefühl,
als Herzenslust am Eigensinn.

Mich in einen Dank gezwängt

Du haßt mich mit dem Geschenk bedrängt
und mich damit in einen Dank gezwängt,
hast mich im tiefsten Innersten gekränkt
und mir damit meine Würde eingeengt.

Nach der Kur: ALLES OFFEN

Dankbar bin ich und auch glücklich,
dass ich Dir begegnet bin.
Du wirst für mich unverrücklich
Freundin bleiben in dem Sinn
der geschenkten Wahlverwandschaft,
deren Band wir ausgelotet,
ohne dass wir es benotet
in der Winter-Kuren-Landschaft.

Ich möchte Dir Begleiter sein
auf Deinen Lebenswegen.
Wir schenken reinen Wein uns ein,
entdecken uns den Segen
der EINEN BINDUNG, die uns beiden
noch ALLES OFFEN lassen kann,
wenn wir es nur behutsam meiden,
uns zu begehr`n als Frau, als Mann.

Ich möchte Deine Wunden schützen,
die man so oft Dir zugefügt.
Ich will Dir helfen, auszuschwitzen,
was in Dir noch auf Eise liegt
an ungl(i)ebten Möglichkeiten
und abgelehnten Resonanzen.
Du sollst Dich nun ins Fr$_{au}^{ei}$-Sein weiten
und Dich noch lebensfroher tanzen.

Und ich tanze einfach mit,
freue mich an Deinem Strahlen!
Und ich halte mit Dir Schritt
im Kreuzgang durch die Lebensqualen.

(Ausführlich dargelegt in:
"Lasse Los: Verwunde(r)t - BoD 2016)

Nicht Deines Dankes Beute

Mit Deinem
Schlachtschiff bist Du heute
in meinen Hafen eingebrochen.
Ich wurde Deines Dankes Beute,
hast mich mit Freundlichkeit zerstochen.

Dein Dankeslob hat mich beschossen!
Der Kampf, er ging für mich verloren!
Und Du hast Deinen Sieg genossen,
ihn aus~ge~strahlt durch alle Poren.

Doch hab` ich mich Dir nicht ergeben,
mich Deinem Willen nicht verzahnt.
Auch zukünftig werd` ich nicht leben,
wie Du es längst für mich geplant.

Da nützt Dir auch kein Tadellob,
kein Schmeicheln und kein Wüten.
Ob Du nun freundlich bist, ob grob:
Ich werd` mich immer vor Dir hüten!

*(Nach einem Vorweihnachtsbesuch 1999 von
Pfarrer Dr. Fürchtegott Großgoschner bei mir zuhause!
Ausführlich dargelegt in:"Lasse Los: R-Ausgeflogen - oder:
Ein bunter Abgesang auf meinen Kreuzweg in und aus
der real existierenden Kirche! - BoD 2016)*

Noch
einmal da-
vongekommen

Noch einmal davongekommen
nach dem großen Schrecken.
Noch einmal die Last genommen,
diese Angst vor dem Vollstrecken.

Noch einmal sich neu geschenkt:
Lichter ist der Morgen nach der
Nacht, die Dich bedrängt mit
solch` ungeahnten Sorgen.

Noch einmal gewährte
Frist ohne Todes-
Wucher - Wahn
im ersehnten
Lebens-
plan.

Noch
einmal im
Lebenszwist auf
durchtanzten Sohlen
lebensfroher Atem holen.

Noch mehr als!

Als Deine Lage sich verschlimmert,
hab` ich mich mehr um Dich gekümmert,
als es das Mitgefühl verlangte,
weil ich um Deinen Zustand bangte.

Mit großer Selbst-ver-ständ-lich-keit
hast Du Mein-Mehr-Als hingenommen
und mir gezeigt, Du seist bereit, von
mir Noch-Mehr-Als zu bekommen.

Befremdet distanzierte ich mich von
Deinem Wunsch nach Noch-Mehr-Als.
Jetzt hab` ich Dich nicht mehr am Hals.
Gestorben bin ich seitdem für Dich.

Ist das denn nun der Dank dafür,
dass ich mich mehr als üblich Dir
gewidmet hab` in Deiner Not?
Warum stellst Du Dich einfach tot?

* Präsentosophia
in Aktion
oder:
"Jesus heute"

Als ich die Brieftasche verlor
mit den Papieren und viel Geld,
war ich betrübt und sehr besorgt,
sie nicht mehr wieder zu sehen.
Doch ein paar Tage später nun
besuchte mich der fremde Finder
und überreichte schmunzelnd
mir die unversehrte Brieftasche.
Voll Freude und voll Dankbarkeit
erstattete ich den Finderlohn.
Doch wehrte er ihn ab mit
den bemerkenswerten
Worten:
„Ihr
Dank und
Ihre Freude sind mir
mehr wert als der Finder-
lohn, der mir gesetzlich zusteht!"

** Präsentosophia ist
die Weisheit des Präsent(-)seins.
Grundlegendes und Ausführliches in:
"Lasse Los: Präsentosophia - präsent sein,
ein Präsent sein" - BoD Norderstedt 2021*

Rundum - Urlaubstanke

Gegen Stress und Kräfteraub
hilft uns auch der Herbsturlaub.
Sprunghaft wird nun abgedankt
und in Schüben aufgetankt.

Das Ambiente hilft dabei:
Südschwarzwälder Allerlei,
eine Drei-Stern-Ferienwohnung
und die herbstliche Vertonung

in St. Märgens Berglandschaft,
die uns, die wir abgeschlafft,
als Geschenk für neue Kraft
schon mal mit dem
Bergland schafft.

Für
die Rundum-
Urlaubstanke sagen
wir auch diesmal: Danke!

Tadellob und Dankgestank

Sie
wurde
feierlich entsorgt
mit Tadellob und Dankgestank.
Manch` Flasche wurde
noch entkorkt.
So ist
das eben!
Ist das krank!

Tönende Antwort

Ihr Abschied macht mich traurig!
Doch gleichzeitig empfinde ich
auch einen tiefen Dank für
Ihren wohltuenden
„Klang",
mit
dem sie
uns begleitet
hat, jahr~zehn~te~lang!

Traum einer "GOttes"Begegnung - Als ich das bess`re Leben suchte, ... da träumte mir von GOtt!"

„Ich stehe mit drei anderen Menschen beisammen und diskutiere mit ihnen heftig und kontrovers über GOTT.

Meine Position ist die eines aufgeklärten Christen: Ich berufe mich auf Jesus von Nazareth und seine trans-formatorische Vorstellung vom menschenfreundlichen Gott: GOTT ist den Menschen zugewandt, so vertrete ich, GOTT ist für die Menschen da.

Mein erster Diskussionspartner greift mich massiv an: Das Gerede vom menschenfreundlichen Gott sei alles hirn-verbrannter Unsinn, geboren aus einem unausrottbaren Wunschdenken. GOTT, das sei eine fürchterliche Macht, vor der man erzittern müsste vor Angst, und dabei bebt er heftig und zittert vor Angst wie Espenlaub.

Ich versuche dagegen zu argumentieren mit meiner These vom menschenfreundlichen GOTT, vor dem man keine Angst zu haben brauche. Ich berufe mich wieder auf Jesus von Nazareth, der GOTT in seiner Erfahrung als „ABBA", also als: „Wie-ein-Vater-zu-uns" erlebt und verkündet hat.

Doch der Ängstliche bleibt bei seiner furchterregenden Gottesvorstellung und predigt laut den mächtigen und grausamen Gott.

Mein zweiter Diskussionspartner ist ein entschiedener Atheist, jemand, der die Existenz Gottes leugnet. Er lacht uns beide aus und meint, wir hätten uns da in unserer Vorstellung einen Gott gebastelt, den es gar nicht gäbe, ich mir einen menschenfreundlichen, der andere sich einen gräulichen. Für ihn dagegen, den Atheisten, stehe fest, dass es Gott nicht gebe. Nur schwache Menschen würden sich in ihrer Fantasie einen Gott schaffen, entweder einen hilfreichen oder einen aggressiven, je nach Bewusstseins-lage. Er dagegen sei ein aufgeklärter, emanzipierter Mensch, der sich keinen Gott basteln brauche.

Nach einer Weile intensiver, heftiger Diskussion zwischen uns dreien schaltet sich der Vierte ein. Er meint, er könne uns nicht verstehen, warum wir uns so ereiferten über eine Sache, die ihm völlig gleichgültig sei. Ob Gott oder Nicht-Gott, das sei ihm total egal. Was ihn einzig und allein interessiere, sei Geld, Macht und schöne Frauen. Wir sollten es ihm doch gleichtun, uns für Geld und Sex engagieren und nicht für so einen Unsinn wie die Sache mit Gott, von der man ja sowieso nichts habe.

Wir widersprechen ihm deutlich und massiv. Unsere Auseinandersetzung wird immer härter und aggressiver. Sie wogt hin und her, ohne jemanden zu bewegen, von seiner Position abzuweichen. Wir stehen hart gegeneinander, ein

Konsens, eine Übereinstimmung ist nicht in Sicht und auch kaum denkbar.

Da geschieht plötzlich etwas Eigenartiges, Traumhaftes: Es nähert sich uns eine Art Lichtkreis. Zuerst sind wir verwundert. Doch mit zunehmender Nähe fasziniert uns dieser eigenartige Lichtkreis. Als er bei uns angekommen ist, umfasst er mich und umschließt den Angstvollen. In dem Moment, in dem er mein und sein Herz durchdringt und uns verbindet, spüre ich die Anwesenheit einer ungeheuren Liebesenergie, einer mächtigen Vertrauenskraft und einer uns durchströmenden Dankbarkeit, die den Angstvollen und mich trägt und uns vereint. Ich nehme wahr, dass auch der Angstvolle es spürt und - wie vom Blitz getroffen - WISSEN wir in diesem Augenblick beide: Das IST GOTT, der uns berührt, diese Gegenwart einer gewaltigen Liebe, diese bebende Präsenz, die uns umfasst, das ist GOTT.

Wir wissen es einfach, jenseits aller Argumente. Ergriffen von jener Liebeskraft fallen wir uns in die Arme. Dabei spüre ich ganz tief in mir: Dies` ist unsere Aufgabe: Sich von jener unbeschreiblichen Liebe ergreifen lassen und in ihrer Kraft die Welt dankbar umarmen und gestalten!

Das gleiche wiederholt sich in ähnlicher Intensität mit mir und den beiden anderen, dem Atheisten und dem Gleichgültigen. Und jedes Mal wissen wir: DAS IST GOTT ! Erschüttert und ergriffen nehme ich wahr, wie alles in mir jubelt: Es ist mir jetzt offenbar: Das IST GOTT, diese Liebespräsenz, die man mit Argumenten und Begriffen nicht einfangen kann. Ich gewahre auch die Nutzlosigkeit jeder Diskussion Über-GOTT, wenn man nicht gleichzeitig VON-IHM ergriffen ist und IN-IHM-ZU-IHM erwacht.

Zuletzt umfasst uns alle vier der Lichtkreis mit seiner Liebeskraft und lässt uns in der Verbundenheit miteinander die beschriebene Liebes-Präsenz erfahren. Dann weitet sich die Lichterscheinung und durchdringt die Erde, den Weltraum, den Kosmos.

Als es mir zu intensiv wird, erwache ich aus diesem ungewöhnlichen Traum mit klopfendem Herzen, bebendem Leib und einem Schluchzen vor Freude und Jubel. Nachdem ich mich wieder gefangen habe, stehe ich auf und notiere den Traum, denn ich weiß, er enthält eine wichtige Botschaft."

(Ausgeführt bearbeitet in: Lasse Los: Seid Ihr noch zu retten? BoD 2016 - und als Hörprobe in meinem Youtube-Kanal WISDOM FOR FUTURE)

Traum vom Sterben

Heut` Nacht erträumte ich mein Sterben.
Mein Lebenslicht erlosch: Ich starb!

Und langsam schwand ich,
ließ die Erben zurück.
Und mich umwarb
ersehntes Wissen
um (m)ein Ende
in allem weltlichen Gehege
und um die endgültige Wende
ins Jetztseits ohne Einzel-Wege.

Und es erfüllte mich mit Dank
und nie gekannter Seligkeit.

Die Welt gewann ein lichtes Kleid.
Das Leid, das Grauen, es versank!

o o o o

Es ist, als ob die Blende bricht!
Am Ende sind wir alle l i c h t !

... und ich erwache traumgeläutert

Schon lang` treibt mich die Frage um:
Wie wirklich ist die Wirklichkeit,
die wir erfahr`n in Raum und Zeit,
in uns und auch um uns herum?

Wie komponiert uns das Gehirn -
im Dunkel hinter unserer Stirn -
die Welt, an der wir täglich kleben
und bess`res Leben uns erstreben?

Ich wünsch` an der Erkenntnisfront
mir klare Antwort auf die Fragen,
doch nur im Fragehorizont:
Wie soll ich sinnvoll Leben waagen?

Abstrakte Einsicht brauch` ich nicht!
Sie macht mich doch nur zum Objekt.
Ich suche das Erkenntnislicht,
das mich ins volle Leben weckt.

Der Traum verklingt! Ich bin erwacht
in eine nie gekannte Helle.
Ich lieg` in einer Lichterpracht
in meinem Bett an jener Stelle,

an der ich morgens stets erneut
erwache und den Tag beginn`.
Doch niemals war es so wie heut`!
Durch mich hindurch fließt Lebenssinn!

Mein Zimmer und das Morgenlicht
und mich gewahre ich als eins.
Da ist kein Ich und nichts ist meins!
Da ist ein funkelndes Gelicht,

das die vertraute Wirklichkeit
mit sanfter Transparenz durchbricht:
Ich bade mich in Seligkeit!
Wer schreibt mir dazu Das-Gedicht?

Die Zeit, wie ich sie sonst erfahre,
steht still, ganz wie ein Wasserstrahl.
Sie ruht im Fließen, ich gewahre
sie jetzt befreit von aller Qual

alltäglicher Verwitterung
auf jener Zeitenfolge-Bahn
der zeitlichen Zersplitterung
im gierverklebten Zeitenwahn.

Und ich bin glücklich, wie noch nie!
Worum ich lebe, weiß ich jetzt!
Ganz wach und still, voll Energie
BIN ICH mit allem Sein vernetzt.

Und WEISS, das ich es immer bin,
auch wenn ich es nicht immer spüre.
IN ALLEM BIN ICH immer drin,
auch wenn ich meistens mich verführe,

als Ego abgetrennt zu leben
von dieser sanften Herrlichkeit,
um mir Mein-Eig`nes zu erstreben
im Kampf mit Welt, Natur und Zeit.

Wie lange ich vom Glück gezehrt,
kann ich im Nachhinein nicht sagen.
Mein Ego hat sich bald gewehrt!
Schon ging dem Glück es an den Kragen!

Vom Kopf her spürt` ich ein Gedränge:
Wie Stangen, die jetzt in mich drangen!

Von Kopf bis Fuß Korsett-Gestänge!
Im Ego war ich neu gefangen!

Ich fand in altbekannten Engen
mich vor in meinem Alltags-Ich,
und abgetrennt - in seinen Fängen -
erschien die Welt mir unwirklich.

Doch als ich aufgestanden war,
verwandelte sich sanft mein Leben:
Viel wacher nahm ich alles wahr,
was mir als Leben aufgegeben.

In der vertrauten Wirklichkeit
gewahrte ich geheimes Weben
von LIEBE, LEBEN, Durchgangsleid,
die sich gemeinsam nur erheben,
um uns in ihren Feuerstätten
als Gold aus allem Erz zu retten.

Wie wirklich ist die Wirklichkeit?
Die Antwort lässt sich nicht erfinden
im denkenden Erkenntnisstreit.
Wir müssen einfach tiefer gründen.

Die Heimkehr ins Konkrete nur
lässt uns im lauschenden Gewahren
mit achtsamer Bewusstheit pur
die Wirklichkeit sich aufklaren.

Den Weg muss jeder selber geh`n!
Die Einsicht kannst Du nur erwerben
im Durchgang durch Dein Ego-Sterben.
Verwandelt wirst Du NUN versteh`n!

Warum Du`s mir nicht dankst?

Wenn Du im Stillen mal bedenkst,
was Du mir alles so verdankst
an frischer frecher Geistanregung,
an aufrichtender Querbewegung
zu dem, womit Du Dich verrenkst:
In klerika(h)ler Ausrichtung,
rundum verfettet nicht
verschlankst
und
Dich
erseufzt in
Kirchverpflich-
tung, nicht auferstehst
in Aufrichtung, in der von
Deinem H E R R N gemeinten:
Wenn Du dies alles mal bedenkst,
frag` Dich, warum Du`s mir nicht dankst.

Wunsch-Erfüllung

Wie dankbar bin ich, dass mein Wunsch
für mich nicht in Erfüllung ging.
Es braute mich ein Liebes-Punsch,
in dem ich zu ihr Feuer fing.

Zum Glück, da brannte es schnell nieder!
Die Dame gab sich liebestaub!
Ich wurde nicht der Flammen Raub!

Nur angesengt fand ich mich wieder,
allein im eigenen Gefieder,
doch frei von aller Liebesblendung
und meiner falschen Selbstverschwendung.

Geläutert sing ich andere Lieder!
Und dankbar bin ich der Enthüllung,
der mir versagten Wunsch-Erfüllung.

Zerdachter Rest-Mensch

Es
dünkte ihn,
er könne das Leben
durch Denken erkennen.
Und er überdachte alles
mit reinem Denken.

Und er zerdachte
Überdachtes, bis unüberdachtes Leben
durch sein zerdachtes Überdach
zu ihm rann und ihn befreite
aus seinem Denkerwahn.

Und in der Kehre vom
Denken zum Danken
entdeckte er die immer
ersehnte Lebendigkeit.

Fortan zer-dach-te er
das Leben nicht mehr,
sondern verdingte sich ihm
dankend und düngte es mit sich.

Willst Du die Menschen

veredeln

musst Du sie

adeln

nicht

Lasse Los

AB-Danken und AUF-Tanken

Urlaub machen heißt doch wohl,
AB-Danken und AUF-Tanken.
Alles andere bliebe hohl,
Anhaftung an Alltagsranken.

So lass` es los, was in Dir abdankt
in Deinem Urlaubsdomizil.
Es kommt, am Nullpunkt angelangt,
die Wende ins Erholungsspiel.

Und lass` es zu, was in Dir auftankt
die flauen Lebensbatterien.
Auf wenn der Pegel leicht noch schwankt,
Dich stärken neue Energien.
Dafür sei allem dort gedankt!

Antwort auf ANTWORT

"Gottes Name":

ICH BIN DA!

Meine
Antwort:

Ich bin Dank!

(nach einem
guten Artikel in Publik Forum
über den falschen Gottesnamen als HERR)

Arie des Gewahrens

Halt` an!
Halt` ein! Erfahre,
was Dich stets weitertreibt.
Sei einfach da
und
gare
in dem,
was einverleibt.

Lass es gescheh`n, gewahre,
was Dich ins Jetztseits hebt,
ins   lichte   Offenbare,
aus dem sich alles
webt.

Werd`
wach und klar, erspare
Dir all` Dein Eigenstreben
nach selbstgefachtem Beben.

Sei einfach DAnk und wahre
Dein antastbares LEBEN
als längst schon
freigegeben!

Bin ich da (Lied)

Bin ich da
und bin ich Dank,
weiß ich: Ja, hier geht es lang!

Bin ich da
und bin ich Dank,
zieht es mich aus allem Zank.

Bin ich da
und bin ich Dank,
bin ich mir und Euch ein Trank.

Bin ich da
und bin ich Dank,
füllt es mir den Kräftetank.

Bin ich da
und bin ich Dank,
fühle ich mich frei und frank.

War ich da
und war ich Dank,
wußt` ich, dass mir viel gelang.

DAnk als DUng

Ich

bin Da

und ich bin Dank.

Und im Danksein bin ich Dir

auch ein

Dung

für

Dein

eigenes

Danksein

Allen Teilnehmenden am Bemühen einer Besinnung
im gegenwärtigen Weltalter sei für ihr Gedenken
der Dank zugedacht:

Stiftender als Dichten,
Gründender als Denken,
bleibe der Dank.

Die in's Danken gelangen,
bringt er zurück vor
die Gegenwart der Unzugangbaren,
der wir - die Sterblichen alle -
vom Anfang her
geeignet sind.

Martin Heidegger

(Brief an Bernhard Welte vom 26.09.1974 - 20 Monate vor seinem Tod am 26.05.76
In: Martin Heidegger ·Bernhard Welte: Briefe und Begegnungen, Stuttgart 2003, S. 40)

Danker

Als Präsen-
tosoph* bin ich
primär ein Danker
und dann erst
ein Dichter
und
ein
Denker,

ein
dichtender
und denkender
Danker.

*Als Präsentosoph
versuche ich, nach der Einsicht der
Präsentosophia, der Weisheit vom Präsent(-)sein
[präsent sein - ein Präsent sein - minimal message -
maximal massage], zu leben. Ausführlich dargestellt in:
Lasse Los: Präsentosophia - präsent sein - ein Präsent sein.

Dankeslachen

Ein frohes
Dankeslachen
lässt Kampf-
verkrampftes
krachen,
um uns
nicht

krank
zu machen
beim Nur-Noch-
Dampf-Ent-
fachen.

Dank in den Tank

Pack Dir Dank
in den Tank.
So wirst
Du
besser fahren,
kommst zur Ruh`,
wirst gewahren:
Nur so kannst
Du besser
leben!

Dank-Walzer für „Dampf-Walzer"

Es ist der Dank ein LEBENstrank,
den unter Dampf geführten Kampf
im Leben zu bestehen.

Drum tanz` den Dank und tank` den Trank,
damit Dein Dampf Dir nicht verdampft,
um mit Dir zu vergehen.

Denn ohne Dank wirst Du bald krank!
Nur unter Dampf wird Lebenskampf
im Todeskrampf sich blähen.

Denkendes Denken
Dankendes Denken

Das Denken klinkt

- - -

Dich denkend ein
in Alles-Sein,
doch lässt
es Dich
dort
hängen.

Bleib` nicht zu
lang` an jenem Ort.

Es wird Dich henken,
wenn Du das Denken
ins SEIN nicht übersteigst,
hin zu den dankenden Gedanken.

Denkend und Dankend

Denkend dünkst
Du Dich erhaben
und verwe(h)st.
Doch
nur
dankend
düngst Du
Dich und erstehst.

Denken und Danken

Im Danken, da wanken
die Planken nicht mehr,
so wie im Verrenken
beim Denken.

Denken und Leben
Oder:
Denk` mal nicht soviel

Denk` mal nicht
soviel, sondern lebe
und gewahre, was
das Leben soll,
in Dur und
in Moll.
Spüre es
und spure,
Ton-in-Ton,
und versprühe in
vielen Farben Dich.

(Als Kanon in: "Lasse Los:
...da muss doch noch LEBEN ins
Leben rein - Liederbuch - BoD 2017))

Denk mal nach

Denk
mal nach,
wann hat Dich
der Denk-
wahn
gefreit,
und wann
gedenkst Du
Dich befreien
zu lassen von ihm.
Damit Du nicht mehr
nur denkend leben musst,
sondern in geistiger Klarheit
dankend leben darfst?

Denn ohne Dank

Denn
ohne Dank
als Lebenstrank
bist Du bald blank
und wirst noch
krank!

Die größte Köstlichkeit

Es ist
die größte Köstlichkeit,
präsent zu sein, die Welt als ein
Präsent zu schau`n und zeitbefreit
in ihr auch ein Präsent
zu sein!

Eintritt ins dankende Gewahren

Denkend distanziere ich mich
immer tiefer, immer weiter,
tanz` die Urdistanz,
werde weiser
bis ich
dankend mich
vom Denken distanziere
in dem Tanze des Gewahrens,
der mich, Distanzierten, allem
mehr verbindet in Erhabenheit.

Ein Anderes-Nicht-Prinzip

Das obwaltende Prinzip:
Verscherbeln und Verschandeln,
das meistens die Geschichte schrieb,
muss sterbeln, sich verwandeln,
damit ein Anderes - Nicht - Prinzip
die Oberhand gewinnt im Handeln.

Dies ist das sich aufrichtende
Wandeln durch den Lebensgang,
das sich sanft verdichtende
Handeln im Zusammenklang,
das Auf-Sich-Verzichtende
im gemeinsamen
Gesang.

Von Fall
zu Fall gewahren,
was hier und jetzt von Dir verlangt,
Dich nicht entzieh`n, Dich aufklaren,
woran es jetzt gerade krankt.
Handle, trotze den Gefahren,
damit es seine Heilung
Dir mitver-
dankt!

ERLÄUTERUNG

Wer nur Erläuterungen sucht,
bleibt letztlich blind und auf der
Flucht und will nicht sehend werden.
Nach vielen Mühen quälen ihn
doch nur die gleichen Rätsel.

Nur wer in Läuterung sich findet,
dem lichtet sich die Blindheit auf,
all` das erläutert sich von selbst
und stillt den nimmer satten
Hunger nach Erläuterung.

Doch Läuterung ist Fegefeuer,
ist Kreu-zi-gung und Ster-ben
und dann erst Auf+er+ste+hung.
Wer kann schon von sich sagen,
dass er dies ehrlich will, es
sei denn als Erläuterung.

Es
reicht mir
einfach, DA zu sein

Es reicht mir einfach, DA zu sein
und mich DAbei dem DAnk zu weih`n,
dem WIE mich nicht mehr einzureih`n,
nicht mehr nur ein Dazu zu sein
in vieler Lust und mancher Pein.

Eutonie-Einsteiger

Schlauchend!
Schluchzend!
Stöhnend!
Ächzend!
Jauchzend!
Juchzend!
Achtsam
Ja zur Jauche!
Dankend Ja zum JA!

Gänseblümchen

Dem
Sonnentrank
ein Lobgesang.
Im stummen Drang
ihr stiller Dank.

Ganz einfach DA-sein!

Ich bin nicht da, um da zu sein!
Ich bin ganz einfach da!
Und darin bin ich Dank!

Ich bin nicht da, um Dank zu sein!
Ich bin ganz einfach da!
Und darin bin ich Dank!

Ich bin nicht da,
um Dank zu sein
für irgendein Event!
Ich bin ganz einfach da
und bin darin p/P/räsent.

Geschenk-
würdi-
gung

Bei
indigenen
Völkern gibt
es die Auffassung,
dass man sich eines
Geschenkes würdig erweist,
indem man es aktiv annimmt
und sich auf seinen Wert einstimmt,
den Schenkenden im Dankesgeist
bei sich mit Herz willkommen heißt,
ihm achtsam Rückmeldung gewährt
für dass, was jener hier beschert.

**Grund-
antwort auf alle
wesentlichen
Fragen**

SEI
PRÄSENT,
SEI EIN PRÄSENT.
SEI DA, SEI DAnk!
Mehr braucht es nicht.
Darin WEST DIR,
darin WEISST DU
die Grundant-
wort
auf
alle
wesent-
lichen Fragen.

ICH-BIN-DA_{NK}

BIN ICH WIRKLICH
und   GANZ   DA,
ist da niemand,
auch nicht
ich.

Da ist
einzig und allein
ICH - BIN - GANZ
als   ICH - BIN - DA_{NK}!

ICH BIN DANK

Und
das Raumgenebelte,
an die Zeit geknebelte,
lichtet sich urplötzlich auf
im verhornten Tageslauf.

Und der Raum IST zeitbefreit.
Alle Zeit IST Ewigkeit.
Weiß mich
NUN
nicht mehr im Willen,
Mich-mit-Mir-Zeit abzustillen.

ICH BIN DA und ich bin Dank,
schenke mich als Lebenstrank
denen, die sich un-ge-ne-sen,
selbst noch nie IM-LICHT gelesen.

Im Danken werde ich präsent

Im Danken
werde ich präsent:
Ich tanke mein Präsentsein.
Ich danke ab im Gegenwind,
entsage mich dem falschen Schein.

Im Danken werde ich präsent.
Es lichten sich die Nebelschwaden.
Und ich erblick` den Lebensschaden
in allem egohaften Trend.

Im
Danken bricht
mir die Verblendung.
Die **WIRKLICHKEIT**
IST
ein
PRÄSENT!
Sie schenkt sich uns, wenn auch dezent,
in überquellender Verschwendung.

Im Danken werd` ich ein Präsent:
Ich tanke das Präsentsein und
werde nunmehr transparent
für den präsenten
Lichtschein.

Ich bin da und ICH BIN DAnk!

NUN,
ICH   BIN, UND
des-
halb
bin   ich
weder Teil-des-Problems
noch auch Teil-der-Lösung!
Ich bin da und   ICH BIN
DAnk! Und das löst mir
die Probleme!

Im Dank

Sieh da! Ein Kelch!
Ein Trank dem Durst.
Nimm hin und trinke,
Schluck für Schluck
und Glück auf
Glück.
Im
Dank
reichst Du
den Kelch zurück.

Im gehandelten Symbol

Die

Schere,

die im Land

der Träume das

Fesseln mir zerschneidet,

geführt von unsichtbarer Hand, ist ein Symbol,

das mich befreit aus pferchender Gebundenheit.

Auch ihm gilt meine Dankbarkeit.

Doch richtet diese sich

zuerst

auf   jene

Wirklichkeit,

die im gehandelten Symbol

MICH - SELBST   befreiend freit.

(In: "Lasse Los: Im Staunen bin ich frei gesetzt")

Im Stille-Tempel tanken

Hältst Du im Leben mal nicht Schritt
und kommst somit auch aus dem Tritt,
brauchst Du kein Loch, um Dich zu flüchten.

Das sanfte Joch, Dich aufzurichten,
ist Dir ursprünglich eingeschrieben,
hat man es Dir auch ausgetrieben.

Es ragt in Dir und sucht die Stille,
betäubt Dich arg das Weltgebrülle.
Du brauchst kein Loch, um hin zu flüchten,
vielmehr den Ort, Dich auf~zu~lich~ten.

Es ist der Ort, DICH-SELBST zu sichten,
den Streit in Dir zuerst zu schlichten,
um dann gestillt die Kraft zu tanken
für einen tieferen Halt im Danken.

Ins Fluchtloch huscht noch jeder Trampel,
wird doch nicht still im Fluchtgehampel,
verstrickt sich weiter noch im Krempel!

Du aber tankst im Stille-Tempel!

In der Schenke „Dankwart"

In der Schenke „Dankwart"
sich das Präsent(-)sein
einschenken lassen
und sein Präsent(-)sein
ausgeben im Ausschank
für alle.

Leben als Geschenk gewahren

Am meisten beschenkst Du mich,
wenn Du nun Dein Leben endlich
als Geschenk an Dich gewahrst
und es Dir nicht mehr ersparst,
unter all` dem Alltagsdeuten
es als solches ein-zu-läu-ten,
als Geschenk es zu erproben,
vorne, hinten, unten, oben,
als des Alltags Plus-
Gestalt
in
noch
zu
erkun-
dender und
auch zu umrundender
Lebendigkeit in Lebensvielfalt.

Manchmal trifft mich ein Gewahren

Manchmal
trifft mich ein Gewahren,
und ich lausche, staune, schaue!

Und es bricht ein Dank mir an!

Und ergießt sich, und ich trinke,
viel zu hastig, und es fasst mich
ein Gebaren, alles zu er-
greifen, zu bewahren.

Schon   erlischt
mir lichtendes
Gewahren!

Und ich
warte und bereue,
doch ich zehre von dem
zarten Augenblick, der
trotz meiner Gier
mich ziert.

Mit dankenden Gedanken

Er brach

ein in alle Tage

mit der immer gleichen Frage:

Wie er~tra~ge ich die Pla~ge?

Und im Bannkreis solcher Fragen

mied er es, sich selbst zu wagen

und sein Leben durch-zu-tra-gen.

So er~trank er im Ver-za-gen!

Und so wurde er geröstet und

nur selten mal getröstet.

Er ist jämmerlich

gerostet!

Doch sein

Freund begann die Tage

nicht mit jener dumpfen Frage.

Er begrüßte sie vielmehr, trotz

manchem Kreuz und mancher

Quer mit dankenden Gedanken.

Und so wurde er, trotz allem,

auch getröstet noch im

Wanken.

Präsentische
Erfahr-
ung

Ich bin
Ich bin da
Ich   bin   Dank
Ich bin da für Euch
ICH BIN DANK
ICH BIN DA
ICH BIN

Ratschlag für den
Tagesan-
bruch

Doch ich,
mein Freund, ich
brech` die Tage nicht
an mit jener dumpfen Frage:
Wie bloß ertrag` ich ihre Plage?

Denn ich begrüße sie vielmehr,
trotz manchem Kreuz und
mancher Quer, mit
dankenden Gedanken.

So durchstehe ich ihr Wanken
jetztseits aller Stachelranken.

Sichtenwahl

Wenn Du etwas nicht mehr kriegst,
was Du stets bekommen hast,
stehst Du plötzlich vor der Wahl:

Entweder Du verbitterst nun,
weil Du es nicht mehr
bekommst,

oder
Du bist
dankbar dafür,
dass Du es bekommen hast.

Sich vergeblich suchen

Suche bloß nicht krampfhaft
nur da-zu-sein. Denn diese Tour
wird Dir suchend stets misslingen,
Dich nur in Verzweiflung bringen.

In der Suche lauert List, den,
der DU schon immer BIST, in
Verblendung abzuschlaffen, um
Dich suchend selbst zu
schaffen.

Lass die
Suche! Atme auf
und gewahre den Verlauf,
den das Achtsame Dir nimmt:

Bis DU-MIT-DIR eingestimmt,
DA-ZU-SEIN,   DAnk-zu-sein
und der Liebe Trank zu sein.

Stillgewacht

Still-gewachtes Dankes - Hauchen:
Schweigend durch die Bilder tauchen,
bis die Bilder selbst nun schweigen,
vor Gewahrendem sich neigen,
und in lichter Transparenz
aus den Schwei-
ge-
W-
ellen
steigen.
Jäh trifft Dich
mit Vehemenz die
ALL-EINE UR-PRÄSENZ!

Tanz den Dank

Nur unter Dampf
wird Lebenskampf
zum Todesskrampf.
Drum tanz den Dank
im   Dank - Walzer,
tank frischen Dampf
und dampfe ab als
dank-bewusste
Dampfwalze.

Tanze meine Plusgestalt

Atmen darf ich - frei und offen!
Tanze meine Plusgestalt!
Jetztseits bin ich - nicht betroffen
von raum-zeitlicher Gewalt.

Vor der Klammer steht ein Plus.
Seine Mitte strahlt ins Leben.
Schenkt mir seinen Hochgenuss,
ist als Plus mir aufgegeben.

Fördern will es mich im Bruch,
aufrichten als Plusgestalt.
Es ist Zuspruch! Es ist Anspruch!

In ihm trotz` ich der Gewalt,
die ihr Werk an mir verrichtet:
Mich im Endlichen vernichtet!

Vom

denkenden Verrenken

ZUM

DANKEN–

DEN UMRANKEN.

Vom
Denken zum Dichten zum Danken

Sehen	Schauen	Danken
Hören	Lauschen	Danken
Schmecken	Kosten	Danken

Ich denke	Ich dichte	Ich bin DAnk
Ich sehe	Ich schaue	Ich bin DAnk
Ich höre	Ich lausche	Ich bin DAnk
Ich schmecke	Ich koste	Ich bin DAnk

Wenn Dich jäh ein Dank anficht

Und wenn Dich jäh ein Dank anficht

und Dir der Mangelblick gebricht,

zerschmilzt Dir Deine Mangelsicht

beim nun servierten Dankgericht

und Dich durchströmt die

Dankessicht.

Erzwungener Dank - Zwingagogik - Dank-Zwang

Dankansage

Dem Akt des Schenkens gilt

Rund-um-Dank ohne Frage,

dem Inhalt des Geschenkes

die kritische Dankansage.

Ein vielfach Unterdrückter

Und wenn Du als subtil Unterdrücker
dem eigenen Unterdrücker gegenüber
die fein gewebte Unterdrückung leugnest
und Dich mit diesem eifrig mit empörst,
wenn jemand solche Unterdrückung geißelt,
und Dich sogar mit manch devoter Geste
bei Deinem Unterdrücker noch bedankst
für manche offiziell gewährte Freundlichkeit,
gemimt zur eigenen Ehre im Rampenlicht,
dann bist Du ein vielfach Unterdrückter.

ES IST SCHON DA,
das Glück

Das Glück

ist wie die Luft, die Dich

umgibt und mit am Leben hält.

Das Glück ist wie ein Duft, der sich

verströmt und sich Dir zugesellt.

Das Glück ist wie das Blühen

der Blume, wenn Du sie nicht pflückst.

D A   I S T   E S   ohne Dein Bemühen,

es kommt, wenn Du es nicht austrickst

D A mit,   es selber zu erlangen.

Mehr Luft beim Atmen führt zum Krampf!

Den Duft erjagen ist ein Kampf,

den Du verlierst. Vergangen

ist der Genuss schon bald!

Gepflückte Blumen welken!

Im Würgegriff, der sich verkrallt,

lässt sich das Glück nicht melken!

(Aus dem Music-Textival: „Zurück ins Glück – oder: Wege aus dem Glücksinfarkt" in: „Lasse Los: Seid Ihr noch zu retten? Music-Textivals" - BoD Norderstedt 2016)

ES IST SCHON DA, das Glück

Text+Musik
Lasse Los

Refr.:Das Glück ist wie die Luft, die Dich um-gibt und mit am Le-ben hält!

Das Glück ist wie ein Duft, der sich ver-strömt und

sich Dir zu-ge-sellt! 1.Str.:Das Glück ist wie das sanf-te Blüh`n

der Blu-me, wenn Du sie nicht pflückst!

DA IST ES oh-ne Dein Be-müh`n! Es kommt, wenn Du es nicht zer-drückst!

2.Str.:Du wirst es sel-ber nicht ge-win -nen!

Mehr Luft beim At-men führt zum Krampf! Den Duft er-ja-gen ist ein Kampf,

den Du ver - lierst! Zer-rin-nen wird Ge-nuss schon bald!

Ge- pflück-te Blu-men wel-ken!

Im Wür-ge-griff, der sich ver-krallt

lässt sich das Glück nicht mel - ken!

Ich danke Dir

Ich danke Dir, dass Du mir
etwas Gutes schenken wolltest.
Nur gibt zum Geschenkten hier
etwas, dass Du wissen solltest.

Ein Feed-Back sei mir gewährt:
 Das, womit Du mich beschert,
 ist für mich nicht soviel wert.
 Ach, ich hab` es nie begehrt,
 was die Annahme erschwert.

Trotzdem dank` ich Dir,
dass Du dieses mir
als ein Gutes
schenken wolltest.

IST

SCHENKEN UM-ZU
SCHON(-)SCHENKEN?

Damit ich mich beschenkt fühle,

beschenk` ich andere in Fülle.

Ach, was für ein Um-Zu-Gewühle,

treibt mich mit solcher Schenke-Schwüle

in die erstrebte Gut-Mensch-Hülle

mit der ersehnten Dankes-

Schrille?

Der

Ausweg aus

der Gut-Mensch-Mühle

ist Schenken ohn` Um-Zu-Geziele.

Es reinigt in der Seelen-Spüle und

schenkt die wahren Schenkgefühle

ganz ohne Wenn-und-Aber-Spiele.

Schattenwille

Ach, in Deinem Lebensleid
haust ein Wille, der sich weidet
daran, wie im Lebensstreit
er zu danken
stets vermeidet.

Schenkenswert?

Die Anfrage sei mir gewährt:
Fühl` ich mich stets dadurch geehrt,
werd` ich durch ein Geschenk beschert,
auch wenn ich dieses nicht begehrt,

weil ich es bisher nicht entbehrt,
was an der Dankeslage zehrt,
doch nicht die Annahme verwehrt,
auch wenn es diese schon erschwert?

Fühl` ich trotz allem mich geehrt,
da es ja den Kontakt vermehrt
und so das Miteinander nährt,
was ja in keinem Fall verkehrt?

Was hat die Anfrage gelehrt?

Tadellob
und
Dankgestank

Und wenn er lobt,
schmeckt es meist krank
nach bitter herbem Tadellob.
Und wenn er dankt, ausdünstet er
oft faulig süßen Dankgestank.

Und tut sie
uns viel
Gutes

Und
tut sie
uns viel
Gutes,
dann
ern-
tet
sie
auch
Dank!

Doch tut sie
uns nicht gut,
dann macht
es uns bald
krank!

Gratefulness as Great Fullness

Lasse Los

Ausgewählte Beispiele interessanter Personen

Bohnen zählen - Eine Geschichte

Es war einmal eine sehr alte Frau, die glücklich und zufrieden lebte. Viele Menschen beneideten sie, weil sie eine echte Lebenskünstlerin war. Die alte Frau verliess niemals ihr Haus ohne eine Handvoll getrocknete, weiße Bohnen mitzunehmen. Sie tat dies nicht etwa, um die Bohnen zu kauen, nein, sie steckte sie einfach in die rechte Tasche ihrer Jacke. Jedes Mal, wenn sie tagsüber etwas Schönes erlebte – den Sonnenaufgang, das Lachen eines Kindes, eine kurze Begegnung, ein gutes Mahl, einen schattigen Platz in der Mittagshitze – nahm sie dies ganz bewusst wahr, freute sich darüber von Herzen und ließ eine Bohne von der rechten Tasche in die linke gleiten. War das Erlebnis besonders schön und gar überraschend, wechselten zwei oder drei Bohnen die Seite. Abends saß die alte Frau dann zu Hause und zählte die Bohnen aus der Tasche. Sie zelebrierte dies geradezu und führte sich so vor Augen, wie viel Schönes ihr an diesem Tag widerfahren war. Und auch an einem Abend, an dem sie bloß eine Bohne zählen konnte, war der vergangene Tag ein gelungener Tag: Es hatte sich zu leben gelohnt!

DAseinsfreude durch DAnkbarkeit

Es gibt eine Geschichte über eine alte weise Frau namens Suko, die in Japan lebte und für ihre große Daseinsfreude bekannt war. Eines Tages kam ein Mann zu ihr und sagte: »Ich bin sehr egozentrisch und fühle mich meist unglücklich. Bitte sage mir, wie ich zur Freude finden kann.« Suko antwortete: »Was immer dir auch geschieht, sage einfach zum Universum: >Danke, danke für alles. Ich habe keine Klagen.<« Sie wies ihn an, er solle in einem Jahr wiederkommen und ihr über seine Fortschritte berichten.

Der Mann ging und kehrte nach einem Jahr zurück. Er berichtete, er habe sich an ihre Ratschläge gehalten. Er habe für alles Danke gesagt. Doch leider sei er immer noch sehr mit sich selbst beschäftigt und fühle sich elend. »Was nun?«, fragte er.

Und Suko sprach: »Sage wieder: >Danke, danke für alles. Ich habe keine Klagen.<« Es heißt, der Mann habe in diesem Moment die wahre Macht der Dankbarkeit erkannt, dass man ausnahmslos für alles dankbar sein kann, sogar für das eigene Elend. Denn dieses Elend hatte seine Widerstände abgebaut, ihn demütig gemacht und zu der weisen Frau gebracht. Die Geschichte endet damit, dass er in einen Strom unaufhörlicher Daseinsfreude eintrat.

Catherine Ingram

(C. Ingram: Leidenschaftliche Präsenz, strahlendes Leben -
München 2003, S.208)

Dankbarkeit

"Mittlerweile war ich es leid, auf alle meine Fragen eine Antwort zu suchen. Ich hatte aufgehört „bitte, bitte" zu sagen und es durch „danke, danke" ersetzt. Ich besann mich auf das Glück, mit dem mein Leben gesegnet war: auf meine Kinder, meine Freunde, meine gute Gesundheit, Claudes und meine Bemühungen um unsere Ehe. Nachdem ich einmal angefangen hatte, konnte ich gar nicht mehr damit aufhören. Je mehr ich meine Aufmerksamkeit schärfte, desto mehr gab es zu entdecken. Schon bald sprach ich allem meinen Dank aus: Bäumen für ihren Schatten, Pullis für ihre Kuscheligkeit und Hunden für ihr weiches Fell. Die Dankbarkeit, die ich erfuhr, vermittelte mir eine völlig neue Einstellung zum Leben. Die Hingabe, mit der ich mein Bild gemalt hatte, schenkte ich jetzt jedem einzelnen Augenblick meines Lebens. Und so erkannte ich, dass jeder Einzelne etwas enthielt, für das ich dankbar sein konnte, und sei es für jeden neuen Atemzug. Ich musste an Hannah denken, die sich über beinahe alles, was sie sah, hatte freuen können. Diese Angewohnheit, ganz im Hier und Jetzt zu leben war mehr als eine bloße Übung in Positivem Denken. Sie bedeutete eine Rückbesinnung auf die absolute Ruhe und Gelassenheit, die Hannah mit mir geteilt hatte. Und noch etwas viel Überwältigenderes wurde mir bewusst: Kein Augenblick steht für sich allein, sondern in einem unauflöslichen Zusammenhang mit all denen, die ihm vorausgegangen sind und die noch auf ihn folgen werden. In dieser Abfolge erkannte ich ein Muster, eine Art höhere Macht, die mir zu sagen schien, dass nicht ich mein Leben lebte, sondern mein Leben mich."

Maria Housden

(In: Maria Housden: Hannahs Geschenk.
Die Botschaft eines kurzen Lebens. München 2002, S.207/208)

In Hannahs Geschenk erzählt Maria Housden von den Erfahrungen, die sie gemacht hat, nachdem ihre Tochter Hannah mit drei Jahren an Krebs erkrankte. Vor allem aber berichtet sie von dem Mut, der Ehrlichkeit und der Lebensfreude, die von Hannah in ihrem Ringen mit der Krankheit ausgingen. Hannah hat den Menschen, mit denen sie in ihrem letzten Lebensjahr in Berührung kam und mit denen sie zusammenlebte, wertvolle Einsichten vermittelt. An dieser Quelle der Inspiration und Weisheit lassen uns die Schilderungen der Autorin auf unnachahmliche Weise teilhaben. Ein Buch über den Umgang mit Verlust und Tod, über das, worauf es im Leben wirklich ankommt. Zugleich aber ein Buch, das Verzweiflung und Trauer überwindet, das Trost und Kraft spendet.

Etty Hillesum im Konzentrationslager:

„*Manchmal bricht plötzlich überall die Dankbarkeit in vollen Flammen in mir aus*"

„*Der Mensch ist etwas Seltsames! Das Elend, das hier herrscht ist wirklich unbeschreiblich. Wir hausen in den großen Baracken wie Ratten in einem Abwasserkanal. Man sieht viele dahinsterbende Kinder...   Ab und zu sterben hier Menschen an gebrochenem Geist, weil sie den Sinn nicht mehr erkennen können, junge Menschen … Das Elend ist wirklich groß, und dennoch laufe ich oft am späten Abend, wenn der Tag hinter mir in die Tiefe versunken ist, mit federnden Schritten am Stacheldraht entlang, und dann quillt es mir immer wieder aus dem Herzen herauf - ich kann nichts dafür, es ist nun einmal so, es ist von elementarer Gewalt - : Das Leben ist etwas Herrliches und Großes, wir müssen später eine ganz neue Welt aufbauen - und jedem weiteren Verbrechen, und jeder weiteren Grausamkeit müssen wir ein weiteres Stückchen Liebe und Güte gegenüberstellen, das wir in uns selbst erobern müssen. Wir dürfen zwar leiden, aber wir dürfen nicht darunter zerbrechen. (S. 208)*

„*Manchmal bricht plötzlich überall die Dankbarkeit in vollen Flammen in mir aus, wenn, wie jetzt, die Freundschaften und Menschen des vergangenen Jahres in überwältigender und ganzer Größe vor mir erstehen.*" (S. 206)

Etty Hillesum: „Das Denkende Herz"
Die Tagebücher von Etty Hillesum 1941-1943
Rowohlt Taschenbuch Verlag Hamburg 1985, 2006 19.Aufl.

"*Die Erde ist in mir und auch der Himmel...*"
Der Linzer Psychotherapeut und Regisseur Johannes Neuhauser hat nun aus den 700 Tagebuchseiten und einigen Hillesum-Briefen eine verdichtete Theater-Fassung destilliert - Auszüge: ->>>

Nicht Glücklichsein macht Dich dankbar, sondern Dankbarkeit macht Dich glücklich!

David Steindl-Rast

(It is not happiness that makes you grateful, but gratefulness that makes you happy!)

Auszüge aus einem Brief
als Feed-Back auf ein Symbol-Imaginationsseminar

Ich schreibe Dir diesen Brief, um mich bei Dir zu bedanken für die wahnsinnig schönen Tage während des Symbol-Imaginations-Seminars, für die Einblicke in Theorie und Praxis der Imagination, aber vor allem für die Einblicke in mich... Auch wenn es sehr hochtrabend klingt, aber ich habe das Gefühl, als wenn ich mich zum ersten Mal richtig sehe. Ich habe mich solange gesucht, ich habe mich aber immer mit den Augen der anderen gesehen, ich habe mich mit fremden Augen beobachtet, verurteilt und versucht mich zu ändern. Aber geliebt habe ich mich mit den Augen nicht! Das kann ich nur mit meinen eigenen Augen. Und das ist mir klar geworden! Ich weiß nicht wie, aber irgendwie habe ich zu meinen Augen zurückgefunden. Ich spüre plötzlich die Echtheit und die Ehrlichkeit meines Blickwinkels. Ich nehme richtig wahr! Ich kann mich nicht erinnern, dass ich mich schon einmal so verbunden mit mir gefühlt habe. Ich habe dadurch auch einen ganz neuen Zugang zu den Menschen, die ich mag. Ich bin ihnen viel näher und ich merke, dass ich wichtig bin. Und ich habe gar keine Angst, dass ich dieses Gefühl verliere. Wie bin ich nur durch mein bisheriges Leben gelaufen? So orientierungslos, so entfernt von mir! Ich habe das Gefühl, ich habe plötzlich unendlich viel Kraft in mir! Kraft zum Wachsen, Kraft, um Orientierung zu finden... Sicher verstehst Du jetzt die tiefe Dankbarkeit, die ich plötzlich in mir spüre. Ich bin wie neugeboren und fühle mich so stark wie noch nie in meinem Leben. Ich habe endlich einen Zugang zu mir. Das Gefühl, von Dir und der Gruppe angenommen zu sein, einfach so wie ich bin, dieses Gefühl habe ich wahrgenommen und angenommen, und es hat mir sehr geholfen. Ich schätze Deine Arbeit sehr, denn ich habe am eigenen Leib und Geist erlebt, was diese Arbeit bewirken kann...

Als Rückmeldung: Ich bin fast wie erschlagen vom Glück, vom Glück, mich gefunden zu haben, zu wissen, dass ich ICH bin, und dass ich im Grunde gut bin!

Bitte nimm ein riesengroßes, farbiges, frohes Dankeschön von mir an! Bis bald hoffentlich

Nina

*(In: Lasse Los: Kreuz-Plus-Symbol-Imagination
BoD Norderstedt 2021 - S.13f - Dort eine ausführliche
Darstellung dieser Symbol-Imaginations-Methode,
die ich entdeckt und hilfreich entfaltet habe.)*

Reinhard Mey - Danke, liebe gute Fee (Lied von 2007)

Danke, liebe gute Fee, dass du mich nicht erhört hast,
Als ich mir mit neun wünschte, dass vom Polterabend dicht,
Herr Hinz am Hochzeitsmorgen in die Brotmaschine reinfasst
Und sich auf dem Weg zum Altar den Oberschenkel bricht.
Dann könnte ich mit seiner Frau die Hochzeitsnacht verbringen
Und müsste nicht die Schleppe tragend hinter ihr hergehn.
Ich würd' Madame schon irgendwie über die Schwelle schwingen
Na, da hätt' ich aber trotz meiner Jugend alt ausgeseh'n!
Nee, nee, nee, nee, danke, liebe gute Fee!

Danke, liebe gute Fee, dass ich sitzen geblieben
Bin und nicht versetzt wurde, worum ich dich so bat.
Sonst wär' ich meinem Kumpel Christian und zwei großen Lieben
Nicht begegnet, deren gute Fee auch versagt hat.
Sonst wär' ich – Gott behüte – Vorstand in Wolfsburg geworden
Und wär' bei allen Nutten in allen Whirlpools bekannt,
Als der umständliche Freier mit den Spesenrekorden
Und dann hätte man noch 'ne Scheißreform nach mir benannt.
Nee, nee, nee, nee, danke, liebe gute Fee!

Danke liebe gute Fee, dass du mich nicht erhört hast,
Als ich ein Mädchen sein wollte, weil die besser aus seh'n
Und an dem Kerl vorbeikommen, der vor der Disco aufpasst.
Sonst müsst ich heute Bunte lesen und auf Stöckeln gehen.
Dann würd' ich für die gleiche Arbeit das halbe Geld kriegen.
Ich fände Hausputz toll und hätte Frauenkleider an,
Ich müsste sabbernd vor George Clooney auf den Knien liegen
Und heiraten, igitt, müsst' ich wohl auch noch einen Mann!
Nee, nee, nee, nee, danke, liebe gute Fee!

Liebe gute Fee! Die wahre Weisheit liegt
In Dankbarkeit, für das, was man nicht kriegt.
Ich jammer' nie mehr rum, zieh nie mehr einen Flunsch:
Nur wen die Götter strafen wollen, dem erfüll'n sie jeden Wunsch!

Danke liebe gute Fee, dass mein Chemiebaukasten
Nicht die Substanz enthielt, um die ich dich gebeten hab,
Danke, dass meine Murmeln nicht in mein Nasenloch passten
Und dass Charly mir nicht seinen Mopedschlüssel gab.
Dank dir, liebe Fee, hab ich nie im Lotto gewonnen.
Ich hätte das Geld doch nur mit Halunken durchgebracht,
Oder 'ne Geschäftsbeziehung mit dem Papst begonnen
Und in Wuppertal eine Herrenboutique aufgemacht!
Nee, nee, nee, nee, danke, liebe gute Fee!

Du darfst mir auch in Zukunft nicht immer genau zuhören,
Denn hätte dich, als ich zwölf war, mein Herzenswunsch erweicht,
Dann hätt ich heute nämlich, und das würde doch sehr stören,
Tatsächlich einen Pillermann, der bis zum Boden reicht!
Nee, nee, nee, nee, danke, liebe gute Fee.

Reinhard Mey Textsammlung 14.Auflage S. 107 + 108
www.reinhard-mey.de/texte-fuer-alle

Präsentation auf Youtube:

David Steindl-Rast - Mönch und Zen-Meister, Gründer des Netzwerkes: Dankbar leben

"Glücklich werden durch Dankbarkeit"
(Ein freier Vortrag)

Es gibt etwas, das Sie über mich wissen - etwas sehr Persönliches. Und es gibt etwas, das ich über jeden von Ihnen weiß, und das ist Ihnen ein ganz zentrales Anliegen. Es gibt etwas, das wir über jeden Menschen wissen, dem wir irgendwo auf der Welt auf der Straße begegnen. Es ist der eigentliche Antrieb von dem, was immer Sie tun und was immer Sie unternehmen. **Und das ist, dass jeder von uns glücklich sein will.** Darin sind wir alle gleich. Wie wir uns unser Glück vorstellen, das unterscheidet sich von Einem zum Anderen. Aber es ist schon viel, was wir alle gemein haben, dass wir glücklich sein wollen.

Nun ist mein Thema Dankbarkeit. **Wie ist der Zusammenhang zwischen Glück und Dankbarkeit?**
Viele Menschen würden sagen: „Ach, das ist doch völlig klar. Wenn man glücklich ist, dann ist man dankbar. "Aber überlegen Sie noch einmal. Sind es wirklich die glücklichen Menschen, die dankbar sind? Wir kennen alle eine ganze Reihe Menschen, die alles haben, was es zum Glücklichsein brauchte, und sie sind nicht glücklich, weil sie etwas Anderes haben wollen oder weil sie noch mehr von Dem-selben wollen. Und wir kennen alle Menschen, die sehr viel Unglück haben, Unglück, das wir selbst nicht haben wollten, und sie sind zutiefst glücklich. Sie strahlen vor Glück. Das überrascht. Warum? Weil sie dankbar sind. Also ist es nicht das Glück, das uns dankbar macht. Es ist die Dankbarkeit, die uns glücklich macht. Wenn Sie meinen, es ist Glück, das uns dankbar macht, überlegen Sie noch einmal. Es ist Dankbarkeit, die uns glücklich macht.

Nun können wir fragen: **„Was meinen wir genau mit Dankbarkeit? Und wie kommt sie zustande?"**
"Ich appelliere an Ihre eigene Erfahrung. Wir wissen alle aus Erfahrung, wie es ist: Wir erleben etwas, das für uns wertvoll

ist. Etwas wird uns geschenkt, das für uns wertvoll ist. Und es ist wirklich geschenkt. Diese beiden Dinge müssen zusammenkommen. Es muss etwas Wertvolles sein, und es ist ein echtes Geschenk. Sie haben es nicht gekauft. Sie haben es sich nicht verdient. Sie haben es nicht eingetauscht. Sie haben dafür nicht gearbeitet. Es wird Ihnen einfach geschenkt. Und wenn diese beiden Dinge zusammenkommen, etwas, das wirklich wertvoll für mich ist, und mir wird klar, dass es mir einfach so geschenkt wird, dann breitet sich spontan ein Gefühl von Dankbarkeit in meinem Herzen aus, dann breitet sich spontan ein Gefühl von Glück in meinem Herzen aus. So entsteht Dankbarkeit.

Das Entscheidende bei all dem ist jetzt, dass wir dies nicht nur ab und zu einmal erfahren können. Wir können nicht nur die Erfahrung von Dankbarkeit machen. **Wir können Menschen sein, die dankbar leben. Dankbares Leben, das ist es. Und wie können wir dankbar leben?** Indem wir erleben, indem wir uns bewusst machen, dass jeder Moment ein gegebener Moment ist, wie man sagt. Er ist ein Geschenk. Sie haben ihn sich nicht verdient. Sie haben ihn nicht irgendwie zustande gebracht. Sie haben nicht die Möglichkeit, irgendwie sicherzustellen, dass Ihnen ein weiterer Moment gegeben wird. Und doch ist es das Wertvollste, was uns jemals gegeben werden kann, dieser Moment mit all den Möglichkeiten, die er enthält. Wenn wir diesen gegenwärtigen Moment nicht hätten, hätten wir nicht die Möglichkeit, irgendetwas zu tun oder etwas zu erleben, und dieser Moment ist ein Geschenk. Es ist ein gegebener Moment, wie wir sagen.

Nun sagt man, das eigentliche Geschenk in diesem Geschenk ist die Gelegenheit. Wofür man wirklich dankbar ist, ist die Gelegenheit, nicht die Sache, die Ihnen gegeben wird. Denn wenn die Sache woanders wäre und Sie hätten nicht die Möglichkeit, sie zu genießen, etwas damit anzufangen, wären Sie nicht dankbar dafür. Gelegenheit ist das Geschenk in jedem Geschenk. Wir haben die Redewendung: „Diese Gelegenheit kommt nicht wieder."
Aber überlegen Sie noch einmal. Jeder Moment ist ein neues Geschenk, immer wieder. Und wenn man die Gelegenheit

dieses Moments verpasst, wird uns ein neuer Moment gegeben und wieder ein neuer. Wir können diese Gelegenheit nutzen, oder wir können sie verstreichen lassen. Und wenn wir diese Gelegenheit ergreifen, ist sie der Schlüssel zum Glück. Wir halten den wichtigsten Schlüssel zu unserem Glück in unseren Händen. Moment für Moment können wir dankbar sein für dieses Geschenk.

Heißt das, dass wir für alles dankbar sein können? Sicher nicht. Wir können nicht für Gewalt dankbar sein, für Krieg, für Unterdrückung, für Ausbeutung. Auf der persönlichen Ebene können wir nicht für den Verlust eines Freundes dankbar sein, für Untreue, für einen tragischen Todesfall. Aber ich habe auch nicht gesagt, dass wir für Alles dankbar sein können. Ich habe gesagt, wir können in jedem gegebenen Moment dankbar sein für die Gelegenheit. Und sogar wenn wir mit etwas konfrontiert werden, das furchtbar schwierig ist, können wir uns dieser Situation gewachsen zeigen und auf die Gelegenheit reagieren, die uns gegeben ist. Es ist vielleicht nicht so schlimm, wie es aussieht. Wenn Sie es sich anschauen und damit Erfahrungen sammeln, werden Sie in der Tat herausfinden, dass uns in den meisten Fällen, Gelegenheit zur Freude gegeben ist und wir verpassen sie nur, weil wir durchs Leben hetzen und nicht anhalten, um die Gelegenheit wahrzunehmen.

Aber ab und zu wird uns etwas sehr Schwieriges gegeben. Und wenn dieses Schwere uns widerfährt, ist es eine Herausforderung, sich der Situation gewachsen zu zeigen. Und wir können uns ihr gewachsen zeigen, indem wir etwas lernen, was manchmal schmerzlich ist, uns in Geduld zu üben, zum Beispiel: Wir haben gelernt, dass der Weg zum Frieden kein Sprint ist, sondern eher wie ein Marathon. Das braucht Geduld. Das ist schwierig. Es kann bedeuten, zu seiner Meinung zu stehen, für seine Überzeugung einzustehen. Das ist eine Gelegenheit, die uns gegeben ist. Zu lernen zu leiden, für etwas einzustehen. All diese Gelegenheiten werden uns gegeben. Aber es sind Gelegenheiten, und diejenigen, die diese Gelegenheiten ergreifen, sind diejenigen, die wir bewundern. Sie machen etwas aus ihrem Leben. Und diejenigen, die versagen, bekommen eine weitere Gelegenheit. Wir bekommen immer eine neue Gelegenheit. Das ist der wunderbare Reichtum des Lebens.

Wie können wir also eine Methode finden, dies in die Tat umzusetzen? Wie kann jeder von uns einen Weg finden, dankbar zu leben, nicht einfach nur ab und zu dankbar zu sein, sondern Moment für Moment dankbar zu sein? Wie können wir das schaffen? Es ist eine sehr einfache Methode. Sie ist so einfach, dass sie eigentlich genau dem entspricht, was man uns als Kind gesagt hat, als wir lernten, wie man über die Straße geht: **Anhalten, Schauen, Losgehen, Stop - Look - Go.** Das ist alles. Aber wie oft halten wir an? Wir hetzen durchs Leben. Wir halten nicht an. Wir verpassen die Gelegenheit, weil wir nicht anhalten. Wir müssen anhalten, wir müssen innehalten. Und wir müssen Stoppschilder in unser Leben einbauen.

Als ich vor einigen Jahren in Afrika war und dann zurückkam, wurde mir das Wasser erst richtig bewusst. Da wo ich in Afrika war, hatte ich kein Trinkwasser. Jedes Mal, wenn ich den Hahn aufdrehte, war ich überwältigt. Jedes Mal, wenn ich auf den Lichtschalter drückte, war ich so dankbar. Es machte mich so glücklich. Aber nach einer Weile verliert sich das. Also klebte ich kleine Aufkleber auf den Lichtschalter und auf den Wasserhahn und immer wenn ich ihn aufdrehte: Wasser. Überlassen Sie es also Ihrer Fantasie. Sie können herausfinden, was für Sie am besten funktioniert, aber Sie brauchen Stoppschilder in Ihrem Leben. Und wenn Sie anhalten, ist der nächste Schritt, hinzuschauen. Sie schauen. Sie öffnen Ihre Augen. Sie öffnen Ihre Ohren. Sie öffnen Ihre Nase. Sie öffnen alle Ihre Sinne für diesen wunderbaren Reichtum, der uns gegeben ist. Er nimmt kein Ende.

Und das ist es, worum es im Leben geht, sich zu freuen: sich zu freuen an dem, was uns gegeben ist. Und dann können wir auch unsere Herzen öffnen, unsere Herzen für die Gelegenheiten, auch für die Gelegenheiten, Anderen zu helfen, Andere glücklich zu machen. Denn nichts macht uns glücklicher, als wenn wir alle zusammen glücklich sind. Und wenn wir unsere Herzen für die Gelegenheiten öffnen, laden uns die Gelegenheiten ein, etwas zu tun, und das ist das Dritte. Anhalten, schauen, und dann losgehen und wirklich etwas tun.

Und was wir tun können ist, was immer das Leben einem im gegenwärtigen Moment ermöglicht. Meistens ist es die Gelegenheit, etwas zu genießen, aber manchmal ist es auch etwas Schwierigeres. Aber was es auch immer ist, wenn wir die Gelegenheit ergreifen, gehen wir durch sie los, sind wir kreativ. Das sind die kreativen Menschen.

Und dieses kleine "Anhalten, Schauen, Losgehen" ist so ein starker Same, dass es unsere Welt revolutionieren kann. Denn wir brauchen einen Wandel, und wir sind im gegenwärtigen Moment bereits mitten in einem Wandel des Bewusstseins. Und Sie werden überrascht sein. Ich bin auch immer überrascht, wenn ich höre, wie oft das Wort „Gratitude" oder "Dankbarkeit" fällt. Sie finden es überall, eine dankbare Fluggesellschaft „Zur Dankbarkeit", ein Café "Gratitude", ein Wein „Gratefulness". Ja, ich bin sogar auf ein Toilettenpapier gestoßen von einer Marke namens „Danke!". Wir erleben eine Welle von „Dankbarkeit", weil den Menschen bewusst wird, wie wichtig sie ist und wie sie unsere Welt verändern kann. Sie kann unsere Welt auf ganz entscheidende Weise verändern.

Denn wenn man dankbar ist, ist man nicht von Angst bestimmt. Und wenn man nicht von Angst bestimmt ist, ist man nicht gewalttätig. Wenn man dankbar ist, handelt man aus einem Gefühl von Fülle heraus und nicht aus einem Gefühl von Knappheit, und dann ist man bereit, zu teilen. Wenn man dankbar ist, freut man sich an den Unterschieden zwischen den Menschen, und man ist respektvoll gegenüber jedermann. Und das verändert die Kräftepyramide, unter der wir leben. Es führt nicht zu Gleichheit, aber es führt zu gegenseitigem Respekt, und das ist die Hauptsache. Die Zukunft der Welt wird ein Netzwerk sein, nicht eine Pyramide und nicht eine umgekehrte Pyramide. Die Revolution, von der ich spreche, ist eine gewaltfreie Revolution, und sie ist so revolutionär, dass sie sogar das Grundkonzept von Revolution revolutioniert. Denn eine normale Revolution ist eine, bei der die Machtpyramide auf den Kopf gestellt wird und diejenigen, die am Boden waren, jetzt an der Spitze der Pyramide sind und genau dasselbe tun, was die Anderen davor auch gemacht haben. Was wir brauchen, ist ein Netzwerk von kleineren Gruppen, kleineren und immer kleineren Gruppen, die einander kennen, die miteinander agieren. Das ist eine dankbare Welt.

Eine dankbare Welt ist eine Welt mit frohen Menschen. Dankbare Menschen sind frohe Menschen. Und je mehr frohe Menschen es gibt, desto mehr werden wir eine glückliche Welt haben. Wir haben ein Netzwerk für dankbares Leben, und es ist schon sehr stark gewachsen. Wir konnten uns gar nicht erklären, warum es sich so schnell ausgebreitet hat. Wir haben die Möglichkeit eingerichtet, dass Menschen eine Kerze anzünden können, wenn sie für etwas dankbar sind. Und es wurden 15 Millionen Kerzen in 10 Jahren angezündet. Den Menschen wird bewusst, dass eine dankbare Welt eine glückliche Welt ist. Und wir alle haben die Möglichkeit, mit dem einfachen "Anhalten, Schauen, Losgehen" die Welt zu verändern, sie zu einem glücklicheren Ort zu machen. Und das ist es, was ich uns wünsche. Und wenn dies ein bisschen dazu beigetragen hat, dass Sie dasselbe tun wollen: Stop-Look-Go! - Danke.

TEXT: https://www.bibliothek-david-steindl-rast.ch/

VIDEO: (auf Englisch mit Untertiteln):
https://www.youtube.com/watch?v=UtBsl3j0YRQ&t=236s

David Steindl-Rast: "Die meisten Menschen würde ich als Schlafwandler bezeichnen"

Auszug aus einem Interview mit David Steindl-Rast
von Anne Voigt

Die christliche Sozialistin und Journalistin Dorothy Day bewundern Sie sehr. 1906, als sie acht Jahre alt war, erlebte sie das starke Erdbeben in San Francisco mit. Damals schaute sie den Menschen auf der Straße zu, wie sie sich gegenseitig halfen und fragte sich: »Warum können wir nicht immer so leben?« Diese Frage lebte sie ihr ganzes Leben.

Ja, ganz tapfer.

Wie können wir es schaffen, immer so zu leben?

Wach bleiben, bewusst und dankbar leben sind Möglichkeiten, den Menschen als Menschen mit Ehrfurcht und Liebe zu begegnen. Aufgrund der heutigen Weltsituation ist jeder Einzelne gefragt. Für mich das zur Zeit vielleicht Enttäuschendste und Beunruhigendste ist der Umstand, dass bei allem, was sich in der Welt ereignet, **wir in einem kleinen Boot sitzen und schon das Rauschen des Wasserfalls hören, auf den wir zusteuern, wir aber nichts tun. Die meisten Menschen würde ich als Schlafwandler bezeichnen.** Das ist mein großes Leid. Aber ich versuche, Menschen darauf hinzuweisen: Meine Lieben, wacht auf! Es ist unsere einzige Chance. Der Dalai Lama sagt das ständig....

Sie haben das weltweite Netzwerk dankbar leben gegründet. Dankbarkeit Ihrem Verständnis nach bedeutet nicht, für alles dankbar zu sein. Für schreckliche Dinge, die einem widerfahren, kann man keine Dankbarkeit aufbringen. Aber Sie sagen, man kann für die Gelegenheiten, die sie einem bieten, dankbar sein. ...
Sie sagen auch, Religion müsse lebendig sein. Wie kann

man denn dafür sorgen? Wenn Religion zur Institution wird, geht die Lebendigkeit oft verloren und es wird sich nur noch ums Verwalten gekümmert.

Grundsätzlich geht es darum, dass man sich immer wieder an die Quelle erinnert und aus ihr lebt. Das ist das Problem. Die Institution ist einerseits dafür da, uns immer wieder auf die Quelle zurückzuführen. Aber anderseits möchte sie sich als Institution auch selbst verewigen und vergisst sehr bald, wofür sie gegründet wurde. Und das ist eine große Gefahr. Das gilt nicht nur für religiöse und spirituelle Institutionen, sondern auch für zum Beispiel akademische oder politische. Ich nenne es das Syndrom der rostigen Röhren. Es sind rostige Röhren, die uns aber auch immer wieder das Wasser der ursprünglichen Quelle zuführen. Die schwierige Aufgabe ist, mit der Institution auszukommen, das Beste von ihr zu nehmen. Und sich durch die Institution auch immer wieder zu dem zurückführen zu lassen, was sie vergessen hat oder dem sie sogar widerspricht.

Anstatt sich an Glaubenssätze zu klammern, ist es viel wichtiger, sich vertrauensvoll auf das Leben einzulassen.

Für Sie ist Glaube ein radikales, mutiges Vertrauen in das Leben. Es geht beim Glaube eben gerade nicht um ein »Für-wahr-halten« oder darum, an etwas zu glauben. Ist Letzteres in gewisser Weise einfacher, als sich mit dem Leben auseinandersetzen zu müssen?

Selbstverständlich. **Der Glaube an etwas kann ein »Sich-Anklammern« sein.** Im Deutschen ist es aber auch sehr missverständlich, da das Wort *glauben* in der Alltagssprache gewöhnlich bedeutet, etwas für wahr zu halten. Der religiöse Glaube wurde dann eben auch sehr häufig als ein »Etwas-für-wahr-Halten« von Glaubenssätzen verstanden und leider auch so gepredigt. Und das ist natürlich ein sehr weit verbreitetes Missverständnis, das offensichtlich schädlich ist. **Anstatt sich an Glaubenssätze zu klammern, ist es viel wichtiger, sich vertrauensvoll auf das Leben einzulassen.**

Was schenkt Ihnen denn Mut, um dieses Lebensvertrauen zu leben? Sich wirklich dem Leben hinzugeben, auch wenn es sich nicht gut anfühlt.

Das Lebensvertrauen wird uns im Normalfall geschenkt. Erweist sich die Umwelt eines Babys als vertrauensvoll, vor allem die Mutter, ist eine Voraussetzung bereits erfüllt. Der zweite Pfeiler ist, dass die Umwelt einem auch ganz früh Vertrauen schenkt. Das ist ein Unterschied. Wenn sich jemand mir gegenüber als vertrauenswürdig erweist, darf ich mich verlassen. Und wenn mir Vertrauen geschenkt wird, kann ich mich finden. Wenn einem Menschen, diese beiden Erfahrungen sehr früh schon ermöglicht werden, ist das eine sehr gute Grundlage. Ich muss dankbar zugeben, dass mir das sehr früh geschenkt wurde. Aber das Leben bringt uns immer wieder in Schwierigkeiten und macht uns Angst. Es ist sehr schwierig, sich in solchen Momenten nicht zu fürchten und durch diese Ängste ins Weite zu gehen. Das muss jeder Mensch durchmachen. ...

Aber worüber man mit jedem sprechen kann und sollte, ist die Frage: Was ist die Alternative zu Lebensvertrauen? Lebensangst? Solange wir nicht durch psychophysische Belastungen eingeschränkt sind und eine Wahl haben, kann man immer wieder nur sagen: So schlimm es auch ist, aber mit Lebensvertrauen auf schwierige Situationen zuzugehen, hat weit mehr Chancen und ist viel angenehmer, als Lebensangst zu haben.

Das Interview wurde erstmalig in leicht abgeänderter Form in der Zeitschrift Ursache & Wirkung (Nr. 102) veröffentlicht. (2017)

Das vollständige Audio-Interview:

Wie Glück mit Dankbarkeit zusammenhängt - Schweizer Radio DRS - Podcast: 23:55 min

"Dankbarkeit ist schon lange nicht mehr in. Für Gesundheit, Erfolg oder Glück muss man nicht dankbar sein - man hat Anspruch darauf. Die Dankbarkeit geht dabei verloren - erst recht, wenn uns das Glück verlässt.
Doch Dankbarkeit, Glück und Erfolg hängen zusammen, denn: Dankbarkeit ist eine intensive Form von positivem Denken."

Buchtipp: Robert Emmons: Vom Glück, dankbar zu sein. Eine Anleitung für den Alltag. Frankfurt am Main: Campus Verlag, 2008.

Schweizer Radio DRS - Perspektiven - Podcast - 23:55 min

Nachklang

Luise Rinser - Schriftstellerin (1911 - 2002)

"Alles ist Geschenk... Alles erfüllt mich mit Dank."

„Gestern Abend im Garten, nach der Rückkehr aus Rom: die Stille und die reine Luft, voller Düfte nach Glyzinien, frisch gemähtem Gras, Apfelblüte und Weißdorn. Dass ich hier leben darf! T. sagt: Das hast Du Dir doch selbst geschaffen und mit vieler Arbeit und vielen Leiden verdient. // Schon, schon, das auch. Aber was heißt >>verdient<<? **Alles ist Geschenk,** auch dies, dass ich >>verdienen<< durfte. **Alles erfüllt mich mit Dank.** Dank an wen? Muss ich`s wissen? In Worte gefasst, verlieren sie ihre magische Kraft."
S. 25/26

„Ich las dieser Tage des tschechischen Schriftstellers Kundera Roman >Unsterblichkeit<. Er sagt, jedermann wolle auf eine wenn auch noch so vertrackte Art >>unsterblich<< sein. Will ich das? Nein. Was will ich aber? Ich will allgegenwär-//tig sein, ich will das Leben aller mitleben. Da Zeit und Raum fiktiv sind, läuft mein Wunsch nach Allgegenwart doch aufs gleiche hinaus, wie Kunderas Wunsch nach Unsterblichkeit. Ich will die Gleichzeitigkeit, also Aufhebung von Zeit und Raum."
S. 150/151

„Wie steht`s aber mit meinem Glauben an Gott? Frage mich keiner danach. Ich weiß nicht was >>Gott<< ist. Theologische Antworten sind mir Spuren im Wind. Zweiundzwanzig Jahre Befassung mit Theologie geben mir keine Antwort. Aber: dass ich lieben kann, das ist mir die Garantie dafür, dass es den >>Geist der Liebe<< gibt. Mit diesem Wissen lässt sich leben..... Amo, ergo credo, ergo spero, ergo vivo. Die Unsterblichkeit: sie ist hier und jetzt."
S. 176

„Was ist denn im Menschen, das ihn am Leben hält, was denn außer einer zähen vagen Hoffnung auf ein Morgen, das besser ist als das Heute. Aber das Morgen, das ist heute; das ist in jedem Augenblick, im NU, und diese NU verspielen wir. In jedem Augenblick, in dem wir es nicht als das göttliche Leben // begreifen und lieben, verspielen wir es. **Narren, die etwas erwarten, was sie ja besitzen."** S. 195 f

31.12.1991 „Gegen Mitternacht: Ich schlage jenes seltsame, weise, schöne Buch auf, das mir, wer weiß von wem, einmal geschenkt wurde, >Divine Healing of Mind and Body<, und bitte um ein Zeichen für`s Neue Jahr. Die Antwort: If you overcome the sense of time and space, you shall enter into the understanding where all is NOW, where is no separation, no distance, no time. ... Das Problem der Zeit, das mich beschäftigt, mich und viele andere. Das NOW ist das NU der deutschen mittelalterlichen Mystiker. Alles ist >>NU<<, alles ist >> Hic et nunc <<, alles ist im Augenblick. Ich wünsche mir von den göttliche Mächten, dass mir gegeben wird, das NU voll zu erleben, indem ich jeden Augenblick ans Herz nehme:" S.206

„Ich will das Leben und will das Sterben. Es stimmt nicht, was ich vorher schrieb: ich will nicht >>das andere<<, sondern das eine im andern: den stetigen Fluss, die Verwandlung. Noch genauer: ich will alles zugleich. Ich will das Universum im Jetzt und Hier, in einem einzigen Punkt. Mir ist nicht zu helfen. Mein Los ist das verzehrende Heim-Weh. Das Heimweh der Pythagoräer nach ihrer himmlischen Heimat. Nicht hier, sondern DORT." S.213

„Ein Franziskaner in Zivil, der etwas über mich schreiben will. Schon wie er eintritt, fühlte ich: Der Mann ist etwas Besonderes.....//....Es kommen Besucher in mein Haus, die eine schwere, dunkle Strahlung hinterlassen, und ich habe stundenlang Mühe, wieder zu mir selbst zu finden. Dieser Franziskaner... hinterließ helle Freude." S. 217/ 218

In: L. Rinser: Wir Heimatlosen 1989 - 1992 (Tagebuch) TB Frankfurt am Main 1995

Wenn das einzige Gebet,

das Du in Deinem

ganzen Leben

sprichst

>>Danke<<

lautete,

so wäre

das genug!

Meister Eckhart

(C. Ingram: Leuchtende Präsenz, München 2003, S.207)

Bisher in der Reihe Edition LOS erschienen

(Leseproben bei Google Books und BoD. Einige Hörproben auf meinem YouTube-Kanal „Wisdom for future" unter dem jeweiligen Titel)

Band 1: Lasse Los: Im Staunen bin ich frei gesetzt
Gedichte, Lieder, Texte, BoD Norderstedt 2016, 96 Seiten
ISBN: 978-3-7392-2180-9

„Manchmal trifft mich ein Gewahren und ich lausche, staune, schaue!
Und es bricht ein Dank mir an! Und ergießt sich, und ich trinke viel zu hastig,
und es fasst mich ein Gebaren, alles zu ergreifen, zu bewahren.
Schon erlischt mir lichtendes Gewahren! Und ich warte und bereue,
doch ich zehre von dem zarten Augenblick, der trotz meiner Gier mich kürt."
(Hörproben auf YouTube)

Band 2: Lasse Los: Verwunde(r)t Heilsames Misslingen -
Testlauf in der Kunst des Scheiterns, Gedichte und Briefe, BoD
Norderstedt 2016, 152 Seiten   *ISBN: 978-3-7392-2997-3*

„Verwunde(r)t" beschreibt in Gedichten und Briefen einen Testlauf in der Kunst des Scheiterns: Das heilsame Misslingen einer Beziehung. Als Gedichtband ist es ein dichterisches Protokoll kurlichtiger Umrundung, kurschattiger Verwund(er)ung, spurwichtiger Erkundung in durchl(i)ebt, durchlittener, neu geschenkter Stundung.

Band 3: Lasse Los: R-AUSGEFLOGEN Ein bunter Abge-
sang auf (s)einen Kreuzweg in und aus real existierender Kirche! Texte, Gedichte und Briefe - BoD Norderstedt 2016, 132 Seiten,   *ISBN: 978-3-7392-4493-8*

„Als Täter der kritischen Explikation so manch` einer strittigen Implikation war ich Opfer verborgener Inquisition in einer verbogenen Institution."

Wenn einer tönt, er sei ein Christ, dann prüfe ihn, ob er es ist,
und lausche hin, wie er so klingt, wenn er nicht seine Tönung singt!

Band 4: Lasse Los: Seid ihr noch zu retten - Music-Texti-
vals Texte, Liedtexte und Gedichte,   BoD Norderstedt 2016, 132 Seiten   *ISBN: 978-3-7392-4290-3*
(Hörproben auf YouTube)
An die Nachgeborenen

Ihr, die Ihr nachgeboren seid, Ihr werdet es uns kaum verzeihen,
dass wir in Giervergorenheit uns ausgelebt mit Wuchereien.
Dem Kahlfraß-Wohlstands-Wucher-Wahn, dem wir erbarmungslos uns weihten,
verdankt Ihr Eure Leidensbahn.   Wir lebten noch in fetten Zeiten!
Ihr müsst die mageren Euch teilen, die wir für Euch heraufbeschwor`n,
als wir in Kahl-Fraß-Gier vergor`n. Welch` Schicksal wird Euch wohl ereilen?

Ich wünschte, jene hätten Recht, die glauben, dass die Menschenwelt
im ö-ko-lo-gi-schen Ge-fecht, das Euch den Horizont verstellt, zu retten sei!
Um welchen Preis? Prognosen alarmier`n schon lange!
Hör` ich auf sie, wird mir so bange!
Ich protestier`, auch wenn ich weiß, dass ich nicht viel erreichen kann.
Ich wehr` ihn ab, den Wucherbann und leb` schon ökologischer.

(In: Lasse Los ...da muss doch noch LEBEN ins Leben rein! Liederbuch
BoD Norderstedt 2017)

Band 5: Lasse Los: Den Umkehr-Blick wagen!
Wort-Bilder und Gedichte

Farbige Wort-Bilder, paarweise mit Gedichten „garniert"
BoD Norderstedt 2016, 148 Seiten   *ISBN: 978-3-7412-2544-4*
(Hörproben auf YouTube)

Im schöpferischen Prozess meiner spielerisch vertiefenden Arbeit mit
Worten, Sätzen und Reimen entstanden im Laufe der Zeit auch etliche
Wort-Bilder, von denen ich hier eine Auswahl präsentiere.
Die Anordnung folgt keiner Systematik, sondern dem Alphabet. Neben
jedem Wort-Bild erscheint ein Gedicht oder eine Erläuterung zum
weiteren meditativen Innehalten.   *Lasse Los*

Band 6: Lasse Los: ... dennoch J A zum Leben sagen!
Musik-Text-Collagen

BoD Norderstedt 2016, 100 Seiten   *ISBN: 978-3-7412-7074-1*
(Hörproben auf YouTube)

In "...dennoch JA zum Leben sagen!" präsentiere ich eigene Musik-
Text-Collagen zu bewegenden Schicksalsbüchern. Drei tragische
Schicksale von Gesine Wagner, Etty Hillesum und Martin Gray
kommen mit ihrem Ringen um ein tragiktragendes Vertrauen und
einen Lebenssinn trotz alledem in Texten und Liedern zur Sprache und
zu Gehör.   *Lasse Los*

Band 7: Lasse Los: Der GEIST weh(r)t (sich), wo er will!
Kirchenkritisches

Gedichte, Wortbilder und Texte
BoD Norderstedt 2017, 172 Seiten   *ISBN: 978-3-7448-3360-8*

In "Der GEIST weh(r)t (sich), wo er will!" präsentiere ich nach 25jähriger
kirchlicher Mitarbeit meine grundsätzliche Kirchen- und Konfessionskritik
in Gedichten, Wort-Bildern und Texten, wie ich sie schon in
"R-AUSGE-FLOGEN" (Band 3) gestartet habe

DIE KIRCHE STIRBT

STOPP- die KIRCHE stirbt- **STOPP-** und in ihr wirbt- **STOPP-** ein alterndes
geglaube um sein gnadenbrot- **STOPP-** hab` mitleid mit der armen- **STOPP-**
und misch in das erbarmen- **STOPP-** die zuversicht, wenn altes bricht -
STOPP- erhebt sich bald schon wieder neu - **STOPP**:
L E B E N D I G E S !

Lasse Los

Band 8: Lasse Los:
Präsentosophia – präsent sein – ein Präsent sein Wort-Bilder
Texte - Gedichte - BoD Norderstedt 2021, 151 Seiten

ISBN: 978-3-7543-5664-7

*"Auf meiner Suchwanderung zu dem, worum es im Leben eigentlich geht, habe ich viele Wege ausprobiert. Manche entlarvten sich als Sackgassen, andere erwiesen sich als Irrwege, und einige wenige entpuppten sich als Hinwege. Eine existentialistische Wende in der Jugend, neomarxistisch getönt, eine spirituelle im jungen Erwachsenenalter wurden nach langjährigem intensiven Ringen in einer Nullpunkt-Widerfahrnis gekrönt durch die **Präsentische Wende.** In einer jähen intuitiven Gewahrens-Offenbarung eröffnete sich mir die **Präsentosophia** mit ihrem Kernmantra „präsent sein - ein Präsent sein" in Kurzformel: **Präsent(-)sein.** Damit hatte ich endlich gefunden, wonach ich immer gesucht habe: Die Transformation von Existentialität, Sozialität und Spiritualität in die **Präsentalität.** In diesem Band lege ich darüber in Gedichten, Texten und Wort-Bildern Rechenschaft ab."* Lasse Los

Band 9: Lasse Los: Jetztseits leben   Gedichte und Texte
BoD Norderstedt 2020, 112 Seiten   ISBN: 978-3-7448-3360-8

„Jetztseits" ist ein Wort, dass die Schriftstellerin Luise Rinser in einem Brief an den Theologen Karl Rahner kreiert hat. „Ganz entspannt im Hier-und-Jetzt" hieß es seit den 70er Jahren bei Osho, dem indischen Guru, und seiner Bewegung. Das hat die Werbung heute geschickt aufgegriffen, um mögliche Konsumenten für ihre umworbenen Produkte zu gewinnen. Mit „Jetztseits leben" ist aber viel mehr gemeint: Ein gutes sinnvolles gelingende Leben aus der Kraft der GEGENWART!   Es ist das Thema aller meiner Bücher, jeweils mit unterschiedlichen Schwerpunkten und verschiedenen Titeln. In diesem Gedichtband entfalte ich es im Dreierschritt: Jetztseits im Erleben Jetztseits im Leben - Jetztseits im Leiden. Lasse Los

Band 10: Lasse Los ...da muss doch noch LEBEN ins Leben rein! Liederbuch
71 Lieder mit Noten und Akkordsymbolen aus drei Jahrzehnten
BoD Norderstedt 2017, 154 Seiten   ISBN: 978-3-7460-2901-6

(Hörproben auf YouTube)

„In meiner langjährigen soziokulturellen Arbeit mit Jugendlichen und Erwachsenen war meine Musikarbeit ein bedeutsamer Schwerpunkt. (Siehe Übersicht in "Lasse Los: R-Ausgeflogen") Neben Music-Textivals mit tiefen-ökologischen und spirituellen Gleichnissen (Siehe "Lasse Los: Seid Ihr noch zu retten?") schrieb und komponierte ich Musik-Text-Collagen zu bewegenden Schicksalsbüchern (Siehe "Lasse Los: ...dennoch JA zum Leben sagen!") die ich mit den Bands PAXOPHON und VETOREX und dem Gesangsensemble SALVATON einstudierte. In verschiedenen Kirchen, in Gemeindehäusern, in Kulturzentren, bei Eine-Welt-Tagen, auf Rügenfreizeit-Tourneen und während der Deutschen Evangelischen Kirchentage brachte ich sie mit Erfolg zur Aufführung. Daneben schrieb und komponierte ich weitere Lieder zu Überlebensfragen und Fragen über das Leben. Die mir noch wichtigen präsentiere ich hier mit den Liedern aus den Music-Textvals und den Musik-Text-Collagen." Lasse Los

Band 11: Lasse Los: UMKEHREN oder UMKOMMEN?
Gedichte und Lieder zur ökologischen Weltlage
BoD Norderstedt 2020,132 Seiten   *ISBN: 978-3-7504-3293-2*

„UMKEHREN oder UMKOMMEN?
Entsorgt den Wohlstandswucherwahn! Es kostest sonst die Welt!"
umkreist mit Gedichten und Liedern die aktuelle weltweite
ökologische Krisenlage und einen Wandlungsweg aus ihr in einem
Dreierschritt:
A. Was der Fall ist - Fallstricke gefallen
B. Was der Fall sein könnte - Fallstricke fallen
C. Auf alle Fälle ein neuer Fall - Das LEBEN im Leben"   *Lasse Los*

Band 12: Lasse Los: Worum geht es eigentlich?
Gleichnisgedichte, farbige Wort-Bilder und Gedichte
BoD Norderstedt 2020,144 Seiten   *ISBN: 978-3-7504-1384-9*

„Im Ringen um ein gutes gelingendes Leben drängte sich mir immer
wieder die Frage auf: >>Worum geht es eigentlich?<< Als Antworten
beglückten mich oft gleichnishafte Einfälle, die ich manchmal reimend
verdichtete. Diese Gleichnisgedichte künden von einem LEBEN im
Leben, das es zu verstehen und ins eigene Leben umzusetzen gilt.
Darin übe ich mich nun schon seit Jahrzehnten. Dabei klaren mich
auch meine gefundenen Gleichnisse auf."   *Lasse Los*

Band 13: Lasse Los: Aufgang im Untergang
LEBEN im Leben, im Sterben, im TOD? UND   NUN?
Gedichte, Wort-Bilder, Texte
BoD Norderstedt 2020, 144 Seiten   *ISBN: 978-3-7494-9652-5*

„Nach deutender Beurteilung empirischer Befunde tendiert man
heutzutage mehrheitlich zur Auffassung, der Tod sei stets ein
Untergang und nicht vielmehr ein Aufgang ins „jenseitige Leben".
Nach nüchterner Prüfung empirischer Befunde tendiere ich zur
Auffassung, der Tod sei nicht ein Untergang, er sei vielmehr ein Auf-
Gang ins pure LEBEN, das manches Mal das Leben durchlichtet. Mit
Gedichten, Wort-Bildern und Texten umkreise ich dieses gewaltige
Thema."   *Lasse Los*

Band 14: Lasse Los: Stillende Stille - Still werden - In Stille
sein - Gestillt sein - Stillend sein   Gedichte und farbige
Wortbilder - BoD Norderstedt 2020. 112 Seiten
ISBN: 978-3-7519-0276-2

„In diesem Gedichtband geht es um die heilende Kraft der Stille im
Rhythmus des Viertakters: Still werden - In Stille sein - Gestillt sein -
Stillend sein. Die ersten drei Takte führen tief hinein in die Stille. Im
vierten Takt öffnet sich der in Stille Gestillte der Mitwelt und ihren
vielfältigen Herausforderungen mit stillenden Lösungen." *Lasse Los*

Band 15: Lasse Los: Nichts als Worte! ???

Wort-Bild-Galerie - schwarz-weiße und farbige Wort-Bilder
BoD Norderstedt 2020, 132 Seiten   *ISBN: 978-3-7504-9798-6*

„In diesem Band präsentiere ich ausschließlich Wort-Bilder als Wort-Bild-Galerie. Sie dienen einem meditativen Innehalten, in dem sie ihre Botschaft tiefer entfalten können. Jedes Wort-Bild steht auf je einer Doppelseite für sich und kann so noch mehr zum meditativen Gewahren und Wirkenlassen beitragen."   *Lasse Los*

Band 16: Lasse Los: Kurz und wendig

Aphorismen und Kurzgedichte - BoD Norderstedt 2020,
152 Seiten   *ISBN: 978-3-7519-4908-8*

„In >kurz und wendig< präsentiere ich Aphorismen und Kurz-gedichte, die sich mir in den Jahren meiner dichterischen Arbeit „nahelegten". Ich habe sie nicht thematisch sondern alphabetisch angeordnet. So lassen sich gesuchte Stichworte schneller finden. Die alphabetisch bedingten thematischen Sprünge im Ablauf der Texte können als Nebeneffekt ein kurz-und-wendiges kreatives Nachdenken und ein meditatives Innehalten auslösen. Das gibt dem Ganzen noch eine zusätzliche Würze."   *Lasse Los*

Band 17: Lasse Los: EIS-Zeit – EYES-Zeit – eYES-Zeit

Gedichte und Lieder
BoD Norderstedt 2020, 124 Seiten   *ISBN: 978-3-7519-4908-8*
(Hörproben auf YouTube)

„Im Rahmen meiner Jugendkulturarbeit organisierte ich mit Jugendlichen und jungen Erwachsenen der Projektgruppe KuMuLi (Forum für Kunst, Musik und Literatur) zweimal jährlich Jugendkulturtage, jeweils unter einem kreativen Motto. Es fanden neben anderen interaktiven Angeboten Kunstausstellungen jugendlicher KünstlerINNEN, Musikdarbietungen jugendlicher Bands und Lesungen jugendlicher SchriftstellerINNEN und DicherINNEN statt.
Bei den Jugendkulturtagen im Oktober 1999 unter dem ausgefallenen Motto „EYES-Zeit" bot auch ich eine Lesung meiner Gedichte, Aphorismen und Lieder zur Thematik als >A B C der EYES-Zeit< mit dem Titel: >EIS-Zeit - EYES-Zeit – eYES-Zeit< an. Da sie eine zeitlose ist, präsentiere ich in diesem Band eine überarbeitete und leicht erweiterte Fassung."   *Lasse Los*

Band 18: Lasse Los: Oh Jesses! Dieser Jesus!

Annäherung Gedichte, Texte, Wortbilder
BoD Norderstedt 2021, 144 Seiten   *ISBN: 978-3-7526-8488-9*

„In diesem Band präsentiere ich in Gedichten, Wort-Bildern, eigenen Texten und ausgewählten Zitaten einen bunten Strauß der Ergebnisse meiner fast 50jährigen Annäherung an die Jesus-Gestalt und ihre gewandelten Auswirkungen auf mein Denken und Erleben. Dabei greife ich auch auf einige Texte und Gedichte aus meinen

früheren thematisch verwandten Büchern zurück: „R-Ausgeflogen" und „Der GEIST weh(r)t (sich), wo er will!" Die Gedichte, Texte und Zitate sind unter den jeweiligen Schwerpunkten alphabetisch oder auch bunt angeordnet. Die dadurch bedingten thematischen Sprünge können beim Mit-und-Nachdenken ein meditatives Innehalten auslösen. Das gibt dem Ganzen seine eigene Würze."   *Lasse Los*

Band 19: Lasse Los: Kreuz-Plus-Symbol-Imagination

Text-Bild-Collage, BoD Norderstedt 2021. 168 Seiten

ISBN: 978-3-7534-8249-1

„Das älteste der Symbole der Menschheit, das in allen Kulturen und Religionen aufscheint und das in wechselnder Dichte und Gestaltung als die Grundaussage erfahren wurde und noch erfahren wird, ist das Kreuz." (Alfons ROSENBERG, Symbolforscher)
Die Imagination des Kreuzsymbols als Ur-Symbol der Ganzheit und des Menschen eröffnet Wege zum ganzen Menschen in wahrer SELBST-Entfaltung. Mit der Entdeckung des Kreuzsymbols als Ur-Symbol entfaltete ich sowohl in fortlaufenden Gruppen als auch in mehrtätigen Seminaren eine fruchtbare Imaginationsarbeit, die hier dargestellt wird.   *Lasse Los*

Band 20: Lasse Los: Es menschelt! Aber Hallo!

Lars-Locker-Gedichte - BoD Norderstedt 2021,124 Seiten

ISBN: 978-3-7543-4936-6

"Nachdem ich mich in den vorhergehenden neunzehn Bänden ernsthaft und ausgiebig mit unterschiedlichsten Lebensfragen befasst habe, breite ich in diesem Band humorvolle bis schlüpfrige Texte aus, die sich beim Erdichten kopf- und herzbetonter Kreationen als Unterleibszentrierte meines Schattenbruders Lars Locker dazwischen geschlichen haben. Hier finden sie ihren angemessenen Ort als Lars-Locker-Gedichte. Die Anordnung ist nicht thematisch sondern alphabetisch orientiert."   *Lasse Los*

Band 21: Lasse Los: ERLAUsCHTES   Gedichte, Lieder,

Wortbilder - BoD Norderstedt 2022, 116 Seiten -

ISBN: *978-3-7557-1040-0*

"Wer Gedichte schreibt, Liedtexte entwirft und Wortbilder komponiert, macht die Erfahrung, dass die Entfaltung einer zündenden Idee als Gedicht, Liedtext oder Wortbild häufiger stockt und zum Innehalten und Lauschen auffordert. Und wer nicht krampfhaft versucht, weiter zu konstruieren, sondern sich Zeit lässt zum Gewahren, wird häufig überraschend mit ERLAUsCHTEM beschenkt. Früher sprach man bei diesem Widerfahrnis vom Musenkuss. So ist es mir beim Dichten, Schreiben und Entwerfen auch oft ergangen. In diesem Gedichtband präsentiere ich eine Auswahl des Erlauschten in alphabetischer Reihenfolge. In all` meinen anderen Gedichtbänden findet sich ebenfalls Erlauschtes."   *Lasse Los*

Auswahl aus meinem Youtube-Kanal
"WISDOM FOR FUTURE"

**Music-Textivals, Musik-Text-Collagen, Lieder zur Lage,
Hörproben von Gedichtbänden in Auszügen
mit QR-Code für Youtube-Upload**

 *„Seid ihr noch zu retten?"* ist ein hochaktuelles ökologisches Gleichnis zur Krisenlage unseres schönen blauen Planeten als *„Music-Textival"*. Texte im gleichnamigen Buch: Lasse Los: Seid Ihr noch zu retten?" Lieder in: „Lasse Los ... da muss doch noch LEBEN ins Leben rein!"

 *„Umkehr-Kur(s)"* ist als **Music-Textival** die Wandlungsgeschichte einer Frau, die nach einer tiefen Krise ihr Leben radikal ändert und nun umweltschonend, nachhaltig und achtsam für ihre Mitwelt weiter lebt und sich aktiv für die Bewahrung der bedrohten Lebensgrundlagen engagiert.

 In *„Bevor es zu spät ist! - Lieder zur Lage"* präsentiere ich die wichtigsten **Songs aus den verschiedenen Music-Textivals** in einer sinnvollen Reihenfolge. Die Lieder findet man mit Noten und Akkordsymbolen in meinem Liederbuch „Lasse Los ... da muss doch noch LEBEN ins Leben rein!"

 *"EIS-Zeit - EYES-Zeit - eYES-Zeit."* Ausgewählte **Lesung** meiner **Gedichte und Aphorismen mit Musik und Liedern** zur Thematik. Die volle Fassung liegt in meinem Gedichtband mit dem gleichlautenden Titel: *"Lasse Los - EIS-Zeit - EYES-Zeit - eYES-Zeit."*

Pfingsten 1983 besucht **Gesine Wagner** *aus Detmold mit ihrer Großmutter ihren Onkel Martin Jürges und seine Familie in Frankfurt. Bei einer gemeinsamen Fahrt in den Odenwald wird das Auto von einem* **abstürzenden Starfighter**, *der bei einer* **Flugshow** *mitgeflogen ist, getroffen. Alle Insassen verbrennen im Auto - bis auf Gesine, die schwer verletzt überlebt und* **nach 81 Tagen im Krankenhaus stirbt**. *Ihre Eltern geben nach ihrem Tod ein Buch über ihr Leben, Leiden und Sterben unter dem Titel:* **„Gesine Wagner: Im Feuer ist mein Leben verbrannt"** *heraus. Als ich Ende der 80er Jahre das Buch kennenlernte, war ich so davon berührt, dass ich diese musikalische Besinnung schrieb, komponierte, mit der Band und dem Gesangsensemble PAXOPHON einstudierte und vielfach aufgeführte. Die digitalisierte Live-Aufnahme der Premiere von 1990 stelle ich hier zum Anhören und zur Diskussion vor.*

Musik-Text-Collage: "Martin Gray: Der Schrei nach Leben" *aus* **"Lasse Los ... dennoch Ja zum Leben sagen"**. *In Texten, Musik und Liedern bietet sie Annäherungen an die Geschichte und die Einsichten von Martin Gray, einem Mann, der die Unmenschlichkeit besiegte, weil er an die Menschlichkeit glaubte.*

„In allen Farben singen" *- Music-Textival -* **Spektralfarbengleichnis** *mit der Frage nach der EINEN WAHRHEIT und den vielen Wahrheitsbehauptungen. Texte in"Lasse Los: Seid Ihr noch zu retten?" Lieder mit Noten und Akkordsymbolen in: „Lasse Los ... da muss doch noch LEBEN ins Leben rein!"*

"Als ich das bess`re Leben suchte, ... da träumte mir von GOtt!" *- Music-Textival mit einem meiner wichtigsten KERN-Träume, einen "Gottestraum". Geträumt in einer Wandlungskrise vor etwa 40 Jahren, die mein Leben zutiefst beeinflusst und in eine sinnvolle Richtung gelenkt hat.*

Ein "GOTTES-Traum" ist ein „Gottes-TRAUM", also ein träumendes Symbolgeschehen in der Tiefenpsyche - nach C. G. JUNG ein Traum aus der SELBST-Sphäre. Er sagt etwas darüber aus, wie die PSYCHE empirisch überprüfbar von Gott in Symbolen spricht, nicht mehr und nicht weniger. Den Text findet man in meinem Band "Lasse Los - Seid Ihr noch zu retten?" neben den Texten anderer Music-Textivals.

"Zurück ins Glück!" oder **"Wege aus dem Glücksinfarkt"** ist ein Gleichnis als **Music-Textival** über verschiedene Wege des menschlichen Glücksstreben, über seine Irrwege und Sackgassen, die im Glücksinfarkt enden oder seine heilsamen Wege in gelungenes glückliches Leben.

„Befreiter leben!" ist ein hochaktuelles Gleichnis als **„Music-Textival"** zu unserer wuchernden, wachstumsgebannten Lebensweise und der Krisenlage unseres Planeten. Texte in "Lasse Los: Seid Ihr noch zu retten?" Lieder in: „Lasse Los … da muss doch noch LEBEN ins Leben rein!"

Der Band **"Im Staunen bin ich freigesetzt"** präsentiert Gedichte und Lieder zum Thema "Staunen" in Träumen, im Wachzustand, als Erwachen und in Begegnungen. Diese Version ist **ein Auszug als Hörprobe** aus dem gleichnamigen Band: "Lasse Los: Im Staunen bin ich freigesetzt".

In **"Lasse Los: Den Umkehr-Blick wagen!"** habe ich ein schöpferisches Experiment entfaltet. Es ist ein **Gedichtband mit Wort-Bildern und Gedichten,** aus dem ich hier **Auszüge als Lesung** poste, um die Neugier auf ihn zu wecken.

<u>Wegweisung</u>

M則ssen - Sollen - Dürfen?

**Hart-
gesotten,
herzversteinert:
Du musst, damit Du hast!**

**Schweren Schrittes, Bruch im Herzen:
Du sollst, damit Du wirst!**

**Leichtfüssig,
im Herzen
frei:
Du
darfst,
weil DU doch BIST!**

präsent sein - ein präsent sein

**LASSE
LOS**